関西 山 あるき&ハイキング

日帰り BEST コース

近場の日帰り登山やハイキングをする人が増えている。

人気の理由は気軽に行くことができて、

なおかつ非日常の絶景や山体験を楽しめるからだろう。

本書はそんないいとこ取りの、関西近辺の 60 コースを収録。

イメージとしては本格的なトレッキング未満、ウォーキング以上。

ビギナーやファミリーでも楽しめるコースを厳選しているが、

それでも自然の雄大さや山の寛容さを味わえることは間違いなし。

山あるきやハイキングの楽しみ方は人それぞれ。

比べるものでも競うものでもないので、

ぜひ自分なりの楽しみ方を探してみて。

関西 山 あるき＆ハイキング 日帰り BEST コース

Contents

【必ずお読みください】
●掲載のデータは2024年3/1時点のものです。諸事情により臨時休業など掲載情報と異なる場合もありますので、おでかけ前に各スポットにお問い合わせいただくか、ホームページなどで必ずご確認ください。なお、本書に掲載された内容による損害等は、弊社では補償いたしかねますので、あらかじめご了承ください。
●本書で紹介している登山ルートは、台風や大雨の影響により一部区間が通行止めになる場合があります。事前に登山ルートの状況を確認のうえおでかけください。また、紹介店の商品や内容、データなどは変更になる場合がありますので、ご注意ください。

関西全域 山あるき&ハイキングMAP

全60コース

∧∧∧
やっぱり
六甲山系
が好き！

関西で最も親しまれている山といえば六甲山系！
いくつもの登山ルートがあってハイキングの入門にも最適。

関西を代表する登山の名所
六甲山系はこんな所

街なかから好アクセス! 思い立ったらすぐ登れる

六甲山は阪急、阪神、JRなど、駅を起終点にできるコースが多数あり。住宅街を道標に沿って歩くなど、街なかと隣接した山と言える。バスを使う場合も便数が比較的多くて安心。当日朝に思い立ってもすぐに登ることが可能だ。

コースが豊富だからビギナーも本格派も満足

ロープウェイやケーブルカーである程度まで登れるコースから、登り応えのある岩場を含んだ本格的なコースまで、さまざまにそろう六甲山。初心者向きのコースが多いが地図は必ず持参し、道標もよく確認しよう。

神戸らしい眺めに感動! 山上のごほうびを目指そう

六甲山といえばやはりその景色を堪能したい。神戸市街や大阪湾の絶景が満喫できるほか、山上自体が素晴らしいロケーションということも。展望スポットとして有名なのは摩耶山の掬星台、六甲ケーブル山上駅の天覧台など。

芦屋ロックガーデン

六甲山系にチャレンジするならまずはココから!

六甲らしい岩と海の風景が広がるロックガーデン周辺。
初心者でもクライミング気分を味わうことができる。

Start!

阪急芦屋川駅

ハイカーでにぎわう
六甲山ハイキングの出発地

六甲山ハイキングの起点として利用され、特に休日の午前中は多くのハイカーでにぎわう。駅周辺にはコンビニもあり、忘れ物や必要な物があれば購入を。車の交通量も多いので注意。

高座ノ滝 1

住宅街を抜けていよいよ入口へ
ココからが本格的な登山のスタート

芦屋ロックガーデンや山頂への六甲山コースの登山口となる高座ノ滝。高座川の上流に位置し、高さ10mほどの夫婦滝があり、周囲には茶屋や自販機やトイレを備える。滝の横に立つお堂では登山の無事を祈願することも。

ロックガーデン 2

コース最大の難所を
クライミング感覚で登りきろう!

日本の近代登山発祥の地としても知られる六甲山コース最大のポイント。花崗岩(かこうがん)が風雨による浸食で形成された岩場は、一見難しそうだが、岩の凹凸も多くしっかりと手足をかけて登れば初心者でもクリアできる。

風吹岩 3

コース随一の絶景ポイントでは
阪神間の大パノラマが楽しめる

巨大な岩峰がそびえる風吹岩は、六甲山コース随一の絶景ポイントとして知られる。標高447mにある岩峰の上に立つと、眼下には大パノラマな阪神間の絶景が広がり疲れも吹っ飛ぶ。滑りやすいので登る際は注意して。

横池   4

美しい池のほとりに腰を下ろし
ゆったりとした癒やしのひと時を

ランチや休憩タイムには風吹岩から5分ほど北
に進んだ所にある横池がおすすめ。六甲山頂
への道の途中で横池につながる分岐がある
ので、標識を見落とさないように。美しい池の
ほとりでコーヒーをいれてホッとひと息を。

※火器の使用には十分注意を

金鳥山 5

まだまだ続く絶景!
下山途中のビュースポットへ

標高338mの金鳥山山頂付近の登山道脇に
は四方にベンチが置かれた休憩所がある。
コースの中でもしっかりと視界が開けている場
所で、神戸の街並みの願望を楽しめるのはも
ちろん、吹き抜ける風も心地いい。

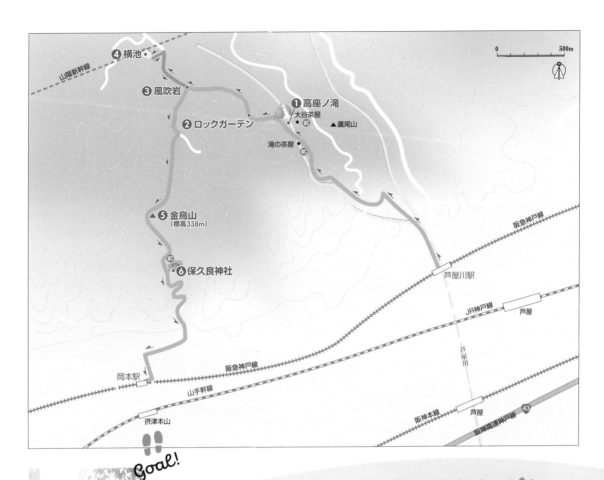

地図

- 横池 ④
- 山陽新幹線
- 風吹岩 ③
- ロックガーデン ②
- 高座ノ滝 ①
- 大谷茶屋 WC
- ▲鷹尾山
- 滝の茶屋 WC
- 0　500m
- 金鳥山 ▲ ⑤（標高338m）
- WC
- 保久良神社 ⑥
- 阪急神戸線
- 芦屋川駅
- JR神戸線
- 芦屋
- 芦屋川
- 岡本駅
- 阪急神戸線
- 山手幹線
- 摂津本山
- 阪神本線
- 芦屋
- 阪神高速神戸線
- 43

Goal!

阪急岡本駅

舗装されて歩きやすい道が続き いよいよゴール!

出発地点と同様に住宅街を抜けて行けばゴールの阪急岡本駅へ。下山後、すぐに電車に乗って家路に向かえるアクセスのよさが、六甲山系のトレッキングの魅力と言えるだろう。

保久良神社 ⑥

静かで美しい境内からは 鳥居越しに街並みを一望できる

金鳥山の中腹、保久良山頂に位置し、須佐之男神、大歳御祖神、大国主命、椎根津彦命を祭祀している。2月末から3月上旬は保久良梅林が見ごろ。金鳥山から保久良神社までの道中は段差が大きい階段が続くので注意して。

Start!

| 阪急芦屋川駅 |
| 徒歩約30分 |
| 高座ノ滝 |
| 徒歩約20分 |
| ロックガーデン |
| 徒歩約30分 |
| 風吹岩 |
| 徒歩約5分 |
| 横池 |
| 徒歩約30分 |
| 金鳥山 |
| 徒歩約25分 |
| 保久良神社 |
| 徒歩約20分 |
| 阪急岡本駅 |

Goal!

六甲山系
早わかり
MAP

難易度 4

六甲山最高峰 ▶P36

芦屋から有馬へと抜ける人気ルート。ロックガーデンや風吹岩など名所が多く、六甲山の最高峰にも登頂する。下山後の有馬温泉でのごほうび（P38）も楽しみたい。

⚑標高931mの六甲山最高峰。北側には有馬温泉＆三田市街、南側には阪神間の街並みの景色が広がる

難易度 1

甲山 ▶P48

西宮のシンボル山として親しまれている甲山。標高も309mと低く、初心者に人気の山だ。阪急仁川駅から90分ほどで山頂に。ここから西へ抜けるとおしゃれなカフェもある。

◀軍神・神功皇后が甲を埋めたと伝えられる甲山。山頂でレジャーシートを広げてお弁当を食べるのも◎

神戸電鉄有馬線

有馬温泉

六甲有馬ロープウェー

六甲山

六甲ガーデンテラス

六甲ケーブル

東お多福山

ごろごろ岳

芦屋ロックガーデン

かぶとやま
甲山

仁川

阪急今津線

西宮北口

芦屋川

岡本

西宮

芦屋

御影

六甲ライナー

難易度 2

芦屋ロックガーデン ▶P10

六甲山最高峰ルートから途中で折り返す、初心者におすすめしたいコース。ロックガーデン、風吹岩など六甲山最高峰ルートの醍醐味だけを回る、いいとこ取りができるコースだ。

◀本格的なクライミング体験と阪神間の街並みの大パノラマが楽しめる。デビューにもってこいながら登り応えは十分

須磨アルプス ▶P32

難易度 3

須磨の山々を尾根伝いに縦走するコース。300m級と山々の標高も低く、気軽に縦走気分が楽しめる。コース後半に現れる馬の背のダイナミックさが魅力。

↑花崗岩の風化でできた馬の背。むき出しの岩峰が続く風景は日本とは思えない壮大なスケール

摩耶山 ▶P34

難易度 3

標高702mの摩耶山を目指すコース。青谷道と呼ばれる旧天上寺の参詣道を通って山上の掬星台へ。下山はロープウェー＆ケーブルカーを使うので楽々。

↑摩耶山の山上にある掬星台は六甲山系でも一、二を争う絶景スポット。日本三大夜景の一つとして有名

六甲山上 ▶P60

難易度 3

六甲ケーブルを使って山上を周遊するコース。六甲ガーデンテラス＆高山植物園など人気スポットを回るだけでなく、近畿自然歩道などの山登り気分も味わえる。

↑六甲山記念碑台や六甲ガーデンテラスなど六甲山を代表する絶景スポットが点在するのもこのルートの特徴

布引貯水池 ▶P90

難易度 2

「日本の滝百選」の布引の滝から布引渓流の水源の布引貯水池を回るコース。距離も短く、神戸布引ハーブ園も近くにあり、ピクニック気分で楽しめる。

↑1900年に完成した布引五本松堰堤に広がるダム湖の布引貯水池。池周辺はベンチも整備されている

再度山 ▶P64

難易度 4

朝夕に身近な山に登る「毎日登山発祥の地」として神戸の人々に親しまれる再度山。標高470mの再度公園を経て神戸布引ハーブ園へと抜けるのがおすすめ。

↑再度山の山上に広がる約51万5,000㎡の再度公園。シーズン中はバーベキュースポットとしても人気

谷上

まやさん
摩耶山

摩耶
ロープウェー

ふたたびさん
再度山

摩耶
ケーブル

よつぎやま
世継山

六甲

神戸布引
ロープウェイ

たかとりやま
高取山

新神戸

阪急神戸線

地下鉄
西神・山手線

三宮

JR神戸線

六甲道

はたふりやま
旗振山

須磨アルプス

阪神本線

ポートタワー

須磨浦ロープウェイ

海洋博物館

元町

山陽電鉄

JR神戸線

須磨浦公園

ハーバーランド

ポートライナー

明石海峡大橋

自分の足で到達する大パノラマ！
景を目指す！
感動ハイキング8コース

山登りの大きな魅力の一つは、遮るもののない気持ちのいい絶景。
自分の足で歩いた末に絶景ポイントにたどり着けば、感動もひとしおだ！

※歩行時間にはロープウェイやケーブルカーなどの乗車時間も含みます

市街地近くとは思えない迫力の岩肌を進む

須磨アルプス
P32

市街地から比較的近距
離ながら、スリリングな
登山気分が味わえるコ
ースとして知られる

16

驚きの絶

神戸の街並みや
海が見える!

大自然に吸い込まれそうな、唯一無二の絶景

大台ヶ原 P26
コースーの絶景ポイントがこの大蛇嵓（だいじゃぐら）。晴れた日は大峰山系も一望できる

ツツジが真っ赤に斜面を染める山肌を歩く

大和葛城山 P28
ススキの名所としても知られる山。5月ごろには山頂南側の斜面がツツジで真っ赤に！

18

眼下に琵琶湖を望む、開放的な眺望の登山道

伊吹山
P24
山頂への途中、全長約1
kmにわたる西登山道は、
緩やかな傾斜が続き眼
下に琵琶湖を望む

急角度のロープウェイではるか伊勢湾を一望

御在所岳
P30
巨岩奇岩が織り成す変
化に富むコース。全長
2km超のロープウェイ
からの景色は最高

山上での移動も
リフトでスイスイ♪

↑全長約500mの「ホーライリフト」。緑の丘を越えると蓬莱山山頂に到着だ

リフトDATA

営業天候による
乗車時間約10分運行時間9:30
〜16:15※4月下旬〜10月のみ
運行※連休の場合あり。要確認

→打見山山頂から蓬莱山山頂の間にある芝生エリアにはピクニックテーブルなどもある

思わずその場に立ち尽くす
感動的な琵琶湖の絶景！

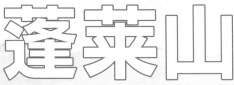

Course 2

滋賀・大津

歩くのは 約2時間50分

HOURAISAN
蓬莱山
ほうらいさん

比良山系の名峰・蓬莱山は、琵琶湖の大パノラマが美しい、湖西随一の絶景山。ハイキングは11月までのグリーンシーズンに楽しめる。標高が1,174mと高さのある山だが、「びわ湖バレイ」のロープウェイ＆リフトを使えば、山頂までいっきに登ることができる。山頂からは、琵琶湖を見ながら絶景ハイクに出発！

休業日の注意

ロープウェイを含む全施設の休業期間があります。詳細はびわ湖バレイの公式HPにてご確認ください。

↓360度ガラス張りのロープウェイ。大きな窓から眼下に広がる琵琶湖の絶景に見とれていると、あっという間に山頂駅に到着！

ロープウェイDATA

料金片道¥1,900、往復¥3,500
乗車時間約7〜10分
運行時間時期により異なる。HPを要確認
☎077・592・1155（びわ湖バレイ）

■スカイウォーカー

木の上を、さまざまなトラップをクリアしながら進むスリリングなアスレチック。33のアイテムがそろっている。

- ⏱所要時間約90分
- ※4月下旬～11月上旬
- 💴有料※Web予約優先

⬆標高1,100mはアスレチックでは関西最高峰!

■ジップラインアドベンチャー

大自然を全身に感じながら、ワイヤーロープとプーリー(滑車)を使って滑り降りるアドベンチャーアトラクション。スリルと爽快感を満喫!

- ⏱所要時間約120分
- ※4月下旬～11月上旬
- 💴有料※Web予約優先

⬆全部で6コース。169mのロングコースもある

山上にもお楽しみが!

山上のリゾートで絶景&絶叫!

レジャー施設「びわ湖バレイ」には大自然と絶景を体感できるスリル満点のアトラクションや、カフェ、レストランなどの施設が充実。ハイキングが終わったら、テラスで絶景を楽しんだり、スペシャルアスレチックで遊んでみよう!

■びわ湖テラス

ロープウェイ山頂駅付近にあり、オープン以来、遠方から訪れる人が絶えないほどの大人気。

- 🏠大津市木戸1547-1
- ☎077・592・1155
- 🔗HPを要確認
- 🚫びわ湖バレイの営業に準じる

⬆琵琶湖を一望できる展望デッキにも立ち寄って

比良山系の山頂に広がる
標高1,100mのレイクビュー!

蓬莱山頂からの眺望。琵琶湖の絶景を眼下に見下ろし、開放感抜群

かわいいシカに
会えるかな？

壮大なレイクビューと
山岳風景を同時に満喫！
蓬莱山コース

Start ロープウェイ 山麓駅
▲ 約45分（ロープウェイ含む）

1 蓬莱山山頂
▲ 約40分

2 小女郎ヶ池
▲ 約70分

3 打見山山頂
▲ 約25分（ロープウェイ含む）

Goal ロープウェイ 山麓駅

天狗杉

ハイキングDATA

標高	約1,174m	歩行距離	約3.7km
歩行時間	約2時間50分	らくらく度	楽 ★ 難
トイレ	ロープウェイ山麓駅、山頂駅にあり※営業時間内のみ利用可		
備考	ロープウェイ山麓駅に売店、山頂駅に自動販売機あり ※営業時間内のみ利用可		
ロープウェイ問い合わせ先	びわ湖バレイ ☎077・592・1155	※ロープウェイ運行のみ。登山に関する問い合わせは対応不可	

びわ湖バレイロープウェイ

下る際はぜひ前方の席へ。
ダイナミックなスピード
感を感じながら帰ろう

→ハイキングルートでは珍しい
花などを探して歩くのも楽しみ
の一つ

↓琵琶湖の絶景はもちろん、山側もよく見ていると、野生のシカを見付けられることも

↑伊吹笹におおわれた登山道横に腰を下ろし、琵琶湖を眺めながらちょっとひと息。高い木がないから開放感抜群！

ロープウェイ
山頂駅

びわ湖バレイ前

ここから北西方面の
金ピラ峠コースは
登山道通行禁止

9:30 14:30

Start & Goal
ロープウェイ山麓駅

ここまでのアクセス
㋐大阪駅より新快速(京都で湖西線に乗換)などで約67分、㋑志賀駅へ。路線バスびわ湖バレイ前行約10分▣片道¥1,730

↑小女郎ヶ池の近くには小女郎ヶ池弁財天のほこらがある。七福神の紅一点の神に恋愛成就を祈願!?

↓558号線からつづら折りの坂道を2kmほど
登った所に駅がある。ロープウェイは、ペットもケージに入れれば一緒に乗車OK（5〜11月のみ）
※営業を要確認。営業時間外や休業中は利用不可、駐車場への立ち入りも不可

季節の花と生き物たちに会える

↑蓬莱山山頂やハイキングコースでは、間近に野生のシカと出合
うことも㋑5月上旬にはスイセンが満開に
※びわ湖バレイの営業時間外や休業期間中は利用不可

3 打見山山頂 `12:10`

巨大なロープウェイも間近に

打見山頂はロープウェイ山頂駅のすぐ横。琵琶湖の絶景はもちろんのこと、巨大なロープウェイが行き来する様子も間近に眺めることができる。絶景を見ながらのランチは最高。

お弁当を持ってくるのも楽しいね

☝ルート上には方向を示す看板も多いが、小女郎ヶ池までは一本道だから迷う心配ナシ！

☝打見リフト終点にはブランコなどで遊べる「笹平遊びの広場」がある（4月下旬〜10月のみ営業）※風、雨、雷など天候により営業内容変更あり

200m

びわ湖バレイ

エキナカキッチン（山頂駅2F）

びわ湖バレイスキー場

クライミングの壁

ジップラインの歓声を聞きながら歩く上り坂。山頂駅に近付くにつれ勾配もキツくなっていく

③ 打見山山頂（標高1,108m）

びわ湖テラス

打見山頂駅

打見リフト

笹平遊びの広場

打見展望台

スイセンの丘

ジップラインアドベンチャー

スカイウォーカー

ホーライリフト

☝山岳リフトらしい、勾配が急なリフト。まるで空に向かって登っているような感覚になる。天気がよければ運転している

2 小女郎ヶ池 `11:00`

伝説も残る雨乞いの池

里に住む村人の妻と、池の主である大蛇の化身との悲哀伝説が残る池で、比良山系にある池の中で最も高地に位置している。霊験あらたかな"雨乞いの池"としてあがめられている。

① 蓬莱山山頂（標高1,174m）

Café 360

「小女郎ヶ池」への案内板

☝緑の草木に囲まれ、ひっそりとした小さな池。周囲には数本の立ち木もあり、木陰で一服するのにも最適

② 小女郎ヶ池

6,000年の歴史を持つと言われる小女郎ヶ池は神秘的な雰囲気

「小女郎ヶ池」への案内板を右折

このあたりは緩やかな下り坂。路面もフラットで歩きやすい

絶景の散歩道。足元が土の場所を歩く際は滑らないように注意

☝尾根伝いの道は日陰がほとんどないが、琵琶湖から気持ちいい風が吹き、快適に歩ける

1 蓬莱山山頂 `10:15`

標高1,000m超えの絶景に感動！

標高1,174mの比良山系で2番目に高いビュースポット。南東に琵琶湖、南西には比良山系の山岳風景が広がる圧倒的なパノラマ風景は、いつまでも眺めていたくなるほど感動的。

☝小女郎ヶ池まで往復約3kmのコースの出発点。池までのルートも一望することができる

┃ 道の駅 妹子の郷 (いもこ)

湖西道路に面した道の駅。メインは地元米のご飯や近江牛など郷土色豊かな料理が食べられるレストランだ。コンシェルジュを配した観光案内所やコンビニも併設している。

🏠 大津市和邇中528 ☎ 077・594・8131
🕐 レストラン9:00〜17:00（LO15:00）、物販9:00〜18:00※季節により変更あり 🅿 なし 🪑 60席

☝近江牛重。温かいご飯に味わい豊かな近江牛がたっぷり

下山後のお楽しみ

┃ スパリゾート雄琴 あがりゃんせ

泉質、効能の異なる2つの自家源泉を持つ、関西最大級の日帰り温泉施設。大浴場や露天風呂のほか、5種類の岩盤浴、琵琶湖を眺められる広大なリクライナーコーナーなど癒しの設備が大充実。

🏠 大津市苗鹿3-9-5
☎ 077・577・3715
🕐 10:00〜24:00（最終受付23:00）
🅿 なし※メンテナンス休業あり

☝琵琶湖を一望できる大露天風呂は開放感抜群（写真は男性用）

┃ 薪窯焼きのパン るぅた

地元の果物などの季節の農作物から作った天然酵母を使い、手作りの薪窯でふっくら焼き上げたこだわりのパンを提供。イートインスペースもあり、香り高い水出しコーヒーも楽しめる。

🏠 大津市木戸134-1（○志賀駅前）
☎ 077・592・1789 🕐 7:30〜18:00
🅿 月火曜 🪑 4席

☝円筒形のリッチトーストまるうた（プレーン）など魅力的な品ぞろえ

伝説の名峰に広がる
滋賀県最高峰のパノラマ絶景

IBUKIYAMA

伊吹山

いぶきやま

ハイキングDATA

標高 約1,377m
歩行距離 約2.5km
歩行時間 約1時間40分
らくらく度 楽★━━━━難
トイレ 駐車場、山頂にあり
備考
国道21号線沿いにコンビニ、
駐車場、山頂に山小屋あり
問い合わせ先
☎伊吹山ドライブウェイ
📞0584・43・1155

Start	1 恋慕観音像	2 西登山道コース	3 山頂&山小屋	4 日本武尊像	5 東登山道コース	Goal
スカイテラス駐車場	◀すぐ	◀約40分	◀すぐ	◀すぐ	◀約60分	スカイテラス駐車場

「日本百名山」の一つである伊吹山は、滋賀県の最高峰。標高1,377mで、高山植物の宝庫としても知られ、山頂一帯だけで約350種もの高山植物が見られる。ふもとからの登山道は通行不可（24年3月時点）だが、伊吹山ドライブウェイを使うコースなら大丈夫。駐車場から高山植物に囲まれた登山道を通り40分ほどで、大パノラマを一望できる。

⬅登山道沿いや山頂に咲く、さまざまな高山植物も伊吹山の魅力の一つ

スカイテラス伊吹山・ 📶

スカイテラス駐車場 P

伊吹山ドライブウェイ

❶恋慕観音像・

山頂は絶景だよ

風が気持ちいい♪

10:00 13:30

Start & Goal
スカイテラス駐車場

ここまでのアクセス
名神高速道路関ヶ原ICより国道365号線を北西へ、伊吹山口交差点を右折し伊吹山ドライブウェイを北西へ。約20km

❺東登山道コース（下山専用）

⬅西&東登山道の間にある中央登山道。急な階段が続くが、山頂まで約20分で登頂可

中央登山道コース

西登山道は景色が爽快！

❷西登山道コース

伊吹山寺 卍

❹日本武尊像

岩場に気をつけて！

❸山頂&山小屋

▲ 伊吹山山頂
（標高1,377m）

⬅石灰岩などが露出する東登山道コース。雨が降るとぬかるみができるので注意しよう

0 100m

伊吹山ドライブウェイの絶景もCHECK!

スカイテラス駐車場
スカイテラス伊吹山
伊吹山
伊吹山ドライブウェイ
料金所
伊吹山口
関ケ原ウォーランド
名神高速道路
東海道新幹線
JR東海道本線
関ケ原西町
関ケ原IC

←伊吹山ドライブウェイの料金ゲート
☎8:00〜20:00
※季節により異なる
休11月下旬〜4月中旬

↑湖北の景色も一望
←古事記に登場する伊吹山神の白猪。山頂の伊吹山寺覚心堂の横に像がある

標高1,377mの伊吹山山頂に広がる広場、琵琶湖や北アルプスの山並みまで、独立峰ならではの絶景が楽しめる

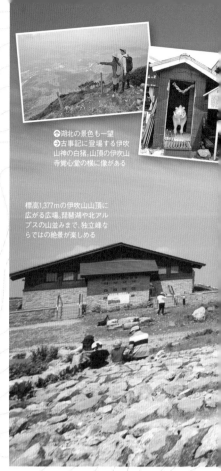

↑全長約17kmの伊吹山ドライブウェイ
→途中には小休止できる駐車場も

3 山頂&山小屋 11:00

山小屋が集まる山頂でひと休み

大パノラマな景色が広がる伊吹山の山頂。花畑も広がる広場は整備され、トイレやベンチなどのほか、5軒の山小屋も営業する。また、ふもとより8〜10℃は気温が低く、夏でも涼しい。

山頂の山小屋でひと息

↑伊吹そば
日本そば発祥の地とも言われる伊吹山。山菜がたっぷり入る山小屋の伊吹そばはハイカーに人気。写真は宮崎屋のもの

↑名水コーヒー
日本武尊が傷を癒した伝説が残る「居醒の清水」。その由来とも言われるふもとの泉神社境内に湧く「名水」でいれたコーヒー。写真は松仙館のもの

■ここで味わえる
対山館☎090・7117・6283／エビスヤ☎なし／松仙館☎080・1493・8536／宮崎屋☎なし

---

2 西登山道コース 10:05

高山植物や絶景が楽しめる!

伊吹山の北西斜面に延びる全長約1kmの登山道。道幅も広く、緩やかな傾斜が続き、40分ほどで山頂へ到着する。高山植物はもちろん眼下には琵琶湖の景色も広がる。

→登山道に沿って高山植物が分布する。写真はシモツケソウ(7、8月)

---

5 東登山道コース 12:30

スカイテラス駐車場を目指す

自然豊かな約1,500mのコース。土の部分や石灰岩が露出している箇所もあり、西登山道よりやや歩きにくい。下り専用なので注意。

---

1 恋慕観音像 10:00

縁結びにご利益あり!

恋人の聖地にも指定されているスカイテラス駐車場にある、恋愛成就、良縁成就の人気スポット。チェーンに「伊吹山ハートロックキー」をかけてもOK。

---

4 日本武尊像 12:00

神話の英雄を祀る

山頂にある日本神話最大の英雄として知られる日本武尊の像。古事記では、伊吹山で荒神の白猪に傷を負わされて、ふもとの「居醒(いさめ)の清水」で傷を癒したとされている。

OODAIGAHARA

大台ヶ原

おおだいがはら

日出ヶ岳を最高峰に1,400～1,600m級の高原台地が広がる大台ヶ原は、関西でも有数の人気ハイキングコース。起伏が緩やかで初心者でも歩きやすいうえ、断崖絶壁の大蛇嵓や、富士山が見える日出ヶ岳など見どころが満載。年間降雨量約3,500mmという日本有数の降水量も、晴れた日の絶景を際立てている。

3 大蛇嵓 12:40

目に焼き付けたい圧巻の絶景

大台ヶ原最大の見どころ。標高1,579mの岩場から望む大パノラマな景色は圧巻の美しさ。足元には800mの断崖絶壁が広がり、なんとも言えないスリルを味わえる。

1 日出ヶ岳 10:00

最高峰からの眺めは抜群

大台ヶ原最高峰となる標高1,695mに広がる眺望ポイント。頂上には展望台も完備され、360度の大パノラマな景色が楽しめる。また条件がよければ、富士山を望めるポイントとしても知られる。秋から冬の晴れた日の早朝が富士山眺望の狙い目(写真左)。

4 シオカラ谷 13:30

清らかな水が流れる渓流沿いを歩く

大台ヶ原で最も標高が低い場所にある渓谷。清流にかかるスリリングなシオカラ吊り橋を渡ると、ゴールまで上り坂が連続する。

ハイキングDATA

標高	約1,695m
歩行距離	約9km
歩行時間	約4時間
らくらく度	楽 ←─★─→ 難
トイレ	駐車場に2か所
備考	駐車場に売店あり

問い合わせ先

📷大台ヶ原ビジターセンター

📞07468・3・0312

2 正木峠 11:20

白骨樹が点在する独特の景観

正木峠から正木ヶ原にかけて、立ち枯れしたトウヒの白骨樹が独特の景観を演出する。大台ヶ原を代表する景観の一つだが、実は台風やシカの食害が原因だとか。

←神武天皇像が目印の牛石ヶ原。像の向かいには魔物を封じ込めたと言われる牛石もある

Goal	4	3	2	1	Start
大台ヶ原ビジターセンター	シオカラ谷	大蛇嵓	正木峠	日出ヶ岳	大台ヶ原ビジターセンター
	約40分	約40分	約75分	約25分	約60分

切り立った岩場から望む大パノラマ！
これぞ大自然のハイキングの醍醐味

↑晴れた日には大峰山系まで一望できる大蛇嵒。断崖絶壁でしかも足元も険しいので、先端に行く場合はほかの人とは譲り合って！

↑大台ヶ原の駐車場の入口。週末など満車になる場合もあるので、早めに出発しよう

西大台

物産店も
立ち寄って

入山には
手続きが必要

大台ヶ原
ドライブウェイ
11〜4月下旬
冬期通行止め

40

大台協会

大台ヶ原の駐車場入口

大台ヶ原物産店

大台ヶ原
ビジターセンター

中道

360度
見渡せる！

❶日出ヶ岳
（標高1,695m）

分岐点の
展望台

❷正木峠

正木ヶ原

下山後のごほうび

▌大台ヶ原物産店

上北山村の特産品や、柿の葉寿司など吉野地域の物産品を販売。アウトドアメーカー「モンベル」のフレンドショップとしてアウトドアグッズも取り扱う。

吉野郡上北山村小橡
☎07468・3・0311
9:00〜16:00㊡12〜4月下旬
㊤40席

↑食堂ではうどんなどの軽食も用意

❹シオカラ谷

一番の
見どころ！

Start & Goal 9:00 14:30

大台ヶ原
ビジターセンター

ここまでのアクセス

南阪奈道路葛城ICより大和高田バイパス〜国道169号線〜大台ヶ原ドライブウェイを南東へ。約80km・約120分

↑入山前にここで大台ヶ原について学ぼう

尾鷲辻

牛石ヶ原

❸大蛇嵒

0　　　　500m

→日出ヶ岳への分岐点にある展望台。標高1,638mの場所にあり、ここからの景色もおすすめ

↑大和葛城山の東側に広がる奈良盆地。山頂はもちろんルートの途中で見えるこの景色が、ハイキングの疲れを癒してくれる

YAMATOKATSURAGISAN

大和葛城山

やまとかつらぎさん

大和葛城山は四季折々の植物が観察できる人気の山。山頂まではいくつかのルートがあるが、一部コースは工事中のため、一時通行止め。北尾根コースは2時間ほどで登頂できる。大和盆地の絶景が楽しめる葛城山ロープウェイを使えば下山も楽々。9月中旬から10月中旬には金色のススキがハイカーを待っている。

季節の植物が山を染める絶景のハイキングルート

ロープウェイDATA
料金片道¥950、往復¥1,500
乗車時間約6分
運行時間9:10〜17:00の1日16便
（土日祝は20便）※混雑時は臨時
運行あり☎0745・62・4341

↑葛城山ロープウェイの葛城登山口駅。駅横には売店もある

大和葛城山の登山口と山上を結ぶ葛城山ロープウェイ。ゴンドラの中からは大和葛城山の豊かな自然と広大な大和盆地の景色が広がる

ハイキングDATA

標高	約959m	歩行距離	約3.9km
歩行時間	約2時間25分	らくらく度	楽 ├──┼─★─┤ 難
トイレ	白樺食堂横など3か所		
備考	近御所駅西側にスーパー、県道30号線沿いにコンビニあり		
問い合わせ先	御所市観光協会 ☎0745・62・3346		

季節の植物が見られる！

←ツツジの名所としても有名な大和葛城山。5月ごろに山頂南側の斜面を真っ赤に染める

↑広葉樹の多い大和葛城山は、山のいたる所で紅葉が見られる
↑10月が見ごろのリンドウ。葛城高原南側で観察できる

←8月ごろに山頂付近で見られるコオニユリ。鮮やかな花

Goal 葛城山ロープウェイ 葛城登山口駅
←約6分 ロープウェイ
3 葛城山ロープウェイ 葛城山上駅
←約20分
2 葛城高原
←約5分
1 大和葛城山山頂
←約2時間
Start 葛城山ロープウェイ 葛城登山口駅

→南阪奈道路
葛城IC

3 葛城山ロープウェイ 葛城山上駅 **14:30**

大和盆地の絶景を見ながら空中散歩

標高324mの葛城登山口駅から標高885mの葛城山上駅まで標高差561m、全長1,421mを結ぶ葛城山ロープウェイ。大和葛城山の自然と大和盆地の絶景が広がる、約6分にわたる空の旅が魅力。

←葛城山ロープウェイの葛城山上駅。駅の屋上には展望広場もあり、大和盆地の大パノラマな景色が楽しめる

→葛城山ロープウェイ葛城登山口駅から少し歩いた場所に大和葛城山の登山口がある

北尾根コース

北尾根コースと櫛羅の滝コースの分岐

山麓売店
葛城登山口駅

🚠葛城ロープウェイ前
P
213

櫛羅の滝

↑弘法大師が名付けた櫛羅の滝。不動の滝とも呼ばれ不動明王のご利益があるとされる

二の滝分岐
二の滝
滝行止め

Start & Goal **9:30 15:00**
葛城山ロープウェイ 葛城登山口駅

ここまでのアクセス
🚃大阪阿部野橋駅より南大阪線急行で約30分、御所線に乗り換え約10分。🚌近鉄御所駅より奈良交通バス葛城ロープウェイ前行約15分、終点からすぐ
🎫片道¥1,060

→国常立命(くにとこたちのみこと)を祀(まつ)る葛城天神社。雨乞いのための雨願の鳥居がある

3 葛城山ロープウェイ 葛城山上駅

自然研究路

🚻 卍葛城天神社

1 大和葛城山 山頂 **12:00**

関空まで見渡せる大パノラマ

標高959mの大和葛城山の頂上がここ。開けた場所にあり、西側には大阪平野、東側には大和盆地の絶景が広がる。天気のいい日には六甲山系や関西国際空港まで望むことができる。

↑視界を遮る木々もなく、大パノラマな景色が楽しめる大和葛城山の山頂。風が気持ちいい

説明看板

「大阪と奈良両方の絶景が楽しみ♪」

→舗装された遊歩道が続く。途中、開けた場所があり、大和盆地の景色などが楽しめる

自然研究路入口

水源地

白樺食堂
🚻

▲
① 大和葛城山山頂 ② 葛城高原
(標高959m) 葛城高原ロッジ

2 葛城高原 **12:30**

秋には金色のススキが埋め尽くす

山頂から南へすぐの場所に広がる高原。9月中旬から10月中旬にはススキが見ごろに。高原を埋め尽くすように広がる金色のススキが、風と共に揺らぐ様はまさに秋ならではの絶景。

→5月のツツジと並び、秋のススキは大和葛城山のベストシーズン。金色の高原をのんびりと散策しよう

→葛城高原ロッジ近辺には木製展望舞台がある。5月にはツツジが見ごろを迎える

自然つつじ園

0 200m

下山後のお楽しみ

葛城高原 ラッテたかまつ

アイスクリーム＆バター作りなどの酪農体験ができる牧場。敷地内にある喫茶「夢ラッテ」では新鮮な牛乳を使ったソフト＆アイスクリームなどのスイーツのほか、ピザなども味わえる。
🏠葛城市山口278-3 📞0745·62·3953 🕐10:00～17:00、12～3月は～16:00 📅※12～3月は火㊌ 🪑約100席

→新鮮なヨーグルトにフルーツがたっぷりのヨーグルトパフェ

道の駅 かつらぎ

南阪奈道路葛城IC横にある道の駅。葛城山のふもとに広がる館内では、地元の特産品や新鮮な地元野菜などを販売。フードコートでは、地元の食材を使った郷土料理や手作りジェラートなどが味わえる。
🏠葛城市太田1257 📞0745·48·1147 🕐農産物直売所9:00～19:00(冬期～18:00)、フォレストカフェ9:00～18:15(冬期～17:00)、健康からだ食堂11:00～18:00(冬期～17:00) 📅なし

↑野菜たっぷりの、健康からだ食堂の健康おばんざい定食

Goal ◀ **8** ホテル湯の本 ◀ **7** 展望レストラン ナチュール ◀ **6** 御在所岳山頂 ◀ **5** 富士見岩展望台 ◀ **4** キレット ◀ **3** 地蔵岩 ◀ **2** おばれ岩 ◀ **1** 大石公園 ◀ Start
湯の山温泉・御在所ロープウエイ前

すぐ | 約15分(ロープウエイ含む) | 約25分 | 約30分 | 約30分 | 約10分 | 約30分 | 約45分 | 約15分
湯の山温泉・御在所ロープウエイ前

御在所岳

GOZAISHODAKE

ございしょだけ

2 おばれ岩 11:40

不思議な形をした2枚の巨岩

中登山道で最初に現れる巨岩。岩が岩をおぶっているように見えるため、この名が付いたと言われる。2枚の岩の間はくぐることもできる。

ハイキングDATA

標高 約1,212m
歩行距離 約4.0km
歩行時間 約3時間20分
らくらく度 楽 ├──┼──┼──★難
トイレ 🚻湯の山温泉・御在所ロープウエイ前、山上公園にあり
備考 🅿湯の山温泉・御在所ロープウエイ前周辺にみやげ物店あり
問い合わせ先
☎御在所ロープウエイ
📞059・392・2261

御在所岳の中登山道は、巨岩奇岩が織り成す自然の造形美と絶景が楽しめる人気ルート。少し険しいが、それ以上の感動が味わえる。鈴鹿山系主峰ならではの絶景が広がる山上からは、ロープウェイでいっきに下山。湯の山の名湯も魅力の一つだ。

4 キレット 12:30

岩場を下って行こう

キレットとは深くV字に切れ込んだ地点の意味。切り立った岩場を下る、中登山道の一番の難所。ゆっくりと慎重に。

⬇ホテル5階にある露天風呂。四日市の町並みを望みながら美人の湯につかろう
※石けん、シャンプーなどの使用不可

⬆貸切風呂の「流星」
※別途入浴料要

⬅県道577号線を登った所が中登山道の入口。本格的な登山道のスタートだ

8 ホテル湯の本 15:00

登山の疲れを癒す日帰り湯

御在所ロープウエイ湯の山温泉駅前の温泉宿。名古屋の町並みなどが一望できる露天風呂や、御在所岳を望む展望大浴場などが日帰りで利用OK。貸切風呂も完備。
🅟三重郡菰野町菰野8497☎059・392・2141
🕐日帰り入浴11:30〜16:00(受付)
🈳なし

温泉DATA

風呂数全6種(男2、女2、貸切2)
泉質単純温泉
効能美肌効果、疲労回復など
アメニティシャンプー・ボディソープなど無料

お土産ショップ ベルフォレ

湯の山温泉・御在所ロープウエイ前 10:30 16:10

湯の山温泉駅

⬇ホテル湯の本

🈁湯ノ山郵便局

Start & Goal

🚩**湯の山温泉・御在所ロープウエイ前**
ここまでのアクセス
🚃🚌大阪難波駅より名古屋行特急で約110分、四日市駅で湯の山線に乗り換え約26分、湯の山温泉駅より三重交通バス湯の山温泉・御在所ロープウエイ前行約9分、終点下車💴4,630

登山道のスタート!

🅟大石公園

温泉街から登山道へ!

朝買って山でパクリ

⬅「お土産ショップ ベルフォレ」の御在所ベイクドドーナツ
湯の山温泉の銘菓やロープウエイグッズがそろう。6個入りの小さめのドーナツは持ち歩きに便利。程よい甘味が登山途中のおやつにピッタリ。
🅟三重郡菰野町湯の山温泉8625☎059・392・2261(御在所ロープウエイ代表)🕐9:00〜17:40(12〜3月は〜16:40)🈺不定休(ロープウエイに準ずる)

1 大石公園 10:45

温泉街の川沿いにある公園

巨岩、奇岩が点在する湯の山の温泉街を流れる三滝川の公園。川辺には巨大な御影石があり、その重さは推定800トンとも言われる。川辺まで降りることもできる。

⬇赤穂浪士の大石内蔵助も湯の山温泉を訪れた際に、この石の大きさに驚いたとか

神秘的な巨岩と絶景が広がる
鈴鹿山系の主峰を制覇!

3 地蔵岩 12:15

ルート一番の見どころがここ

御在所中登山道の一番の見どころがここ。2つの岩の上にサイコロのような岩がのった姿がお地蔵さんに見えるとか。ここから望む景色もおすすめ。

目の前に広がる伊勢平野の絶景はもちろん、巨大な岩が織り成す自然の造形美に感動する

6 御在所岳山頂 13:45

標高1,212mの山頂に到着!

北に国見岳、南に鎌ヶ岳、そして遠く西には琵琶湖まで望む、大パノラマな景色が広がる山頂。頂上を示す一等三角点の前で記念撮影をしよう。

5 富士見岩展望台 13:10

伊勢湾が見渡せる絶景スポット

伊勢湾はもちろん空気の澄んだ晴れた日には、富士山まで見渡せるという御在所随一の絶景スポット。ここから御在所山頂まではもう少しだ。

↑御在所岳山上での移動は観光リフト片道¥350を利用すると便利で楽ちん

高低差の少ない歩きやすい道が続く

⑤ 富士見岩展望台

木はしご

巨大な岩がいっぱい!

④ キレット

くさり場

③ 地蔵岩

⑥ 御在所岳山頂
（標高1,212m）

頂上駅

観光リフト

御在所スキー場

観光リフト

ロープウエイ
山上公園駅

御在所ロープウエイ

きつい登りが続くのでゆっくりと進もう

② おばれ岩

カモシカ駅

芭蕉池

ロープウエイ駅

⑦ 展望レストラン
ナチュール

↓中登山道入口から30分ほど歩くと、頭上には御在所ロープウエイが見える

帰りはロープウェイ

御在所ロープウエイ

湯の山温泉街と御在所岳山上を結ぶ全長2,161mのロープウエイ。御在所の巨岩や伊勢平野、伊勢湾など眺望も抜群。

☎059・392・2261
🕐9:00〜17:00(下り最終17:20)
休不定休 ¥片道¥1,500

樹林帯

中登山道入口

↓唐揚げがトッピングされた御在所山上カレーラーメン

←モチモチとした伊勢うどんとカレーのコラボが絶品の御在所カレーうどん。コラーゲンたっぷりの豚の角煮をトッピング

7 展望レストラン
ナチュール 14:30

駅隣接で便利なレストラン

山上公園駅に隣接したレストラン。伊勢湾・名古屋方面まで広がる絶景と食事が楽しめる。

☎059・392・2261 🕐9:10〜17:00(食事は〜16:30)
休御在所ロープウエイに準ずる 席約100席

←中登山道入口からしばらくは森林の中を歩く。険しい道が続くのでゆっくりと歩こう

SUMA ALPS

スリリングな岩峰が連続する
西六甲山西端の連山縦走コース！

須磨アルプス
すまあるぷす

5 馬の背 12:15

コースのクライマックス！

コース最高峰の標高312mの横尾山から標高253mの東山の間に現れるエリア。花崗岩の風化による露岩帯だが、そのスケールは六甲山系随一で、コース最大の見せ場。

→横尾山から少し下ると、馬の背が見えてくる。全景を撮影するなら階段の途中がおすすめ。ただし長時間立ち止まると通行の妨げになるので注意。左右には神戸などの町並みも広がる

↑馬の背からの景色。左手側には須磨や長田の山側に広がる町並みが見渡せる

ハイキングDATA

標高	約312m（横尾山）
歩行距離	約7km
歩行時間	約3時間
らくらく度	楽 ├─┼─★─┼─┤ 難
トイレ	鉢伏山、旗振山、高倉山にあり
備考	旗振山、高倉山山上に茶屋あり
問い合わせ先	なし

Goal 板宿商店街
←約50分
5 馬の背
←約20分
4 横尾山
←約45分
3 高倉台過ぎの階段
←約15分
2 高倉山
←約25分
1 鉢伏山（東部展望台）
←約25分
Start 須磨浦公園駅

須磨の山々を尾根伝いに縦走するのが須磨アルプス。300m級と山々の標高も低く、気軽に縦走気分が楽しめる。そしてコース最大のポイントが後半に現れる馬の背と呼ばれる露岩帯。むき出しの岩肌が続く風景は、日本とは思えないダイナミックさ。前半と後半でがらりとコースの雰囲気が変わるのも、このルートの魅力の一つ。

┃すぎな農園

ハイキングのあとは自然食ランチ！

板宿商店街の入口横にある自然食レストラン。地元有機野菜や玄米をメインとした、人気の日替わりランチをはじめ、5種のランチが味わえる。

神戸市須磨区前池町2-6-6 078・766・4170 11:30～15:00(LO14:30)※なくなり次第終了 不定休 35席

↑体に優しい日替わり＆5種のランチ※写真はイメージ

┃板宿菓匠 明月庵本舗

板宿商店街内の人気創作和菓子

創業から78年の和菓子店。人気はもっちりシャリシャリ食感の溶けないあいす「葛あいす」。和素材の葛を使い、特定原材料不使用で大人から子供まで安心して食べられる。

神戸市須磨区飛松町2-4-4 078・732・0667 9:00～18:30 不定休

↑「葛あいす」は通年販売。フルーツなどを使った12種のフレーバーがある

下山後のごほうび

3 高倉台過ぎの階段 10:30

400段の階段をゆっくり上ろう

住宅街を抜けるとコース後半の入口となる栂尾山が現れる。その栂尾山へと登る400段近い大階段。途中、数か所のベンチがあるので、休憩しながら上ろう。

↑コース最大の難所!?とも言えるのがこの大階段。無理せずに、休憩しながら自分のペースで上るのがポイント

↑前半と後半を結ぶ高倉台。住宅街なので静かに。住宅街を通るのも須磨アルプスコースの特徴だ

4 横尾山 11:50

ルートの最高峰はここ

標高312mの須磨アルプスルートの最高峰となる横尾山。なにもない広場が広がるだけだが、木々の間からは阪神間の景色が見える。手前の栂尾山の山頂には展望台がある。

←広場と山頂を示す三角点だけがある横尾山の山頂。ここから馬の背までは20分ほど

Goal 13:15
板宿商店街
帰りのアクセス
Ⓨ板宿駅より大阪梅田行特急で約50分、㉞大阪梅田駅へ ¥650

板宿菓匠 明月庵本舗
すぎな農園

あとは下り!

←高倉山からの景色。阪神間の海景色(写真)から山側の町並みまで360度の景色が一望できる

板宿商店街

←東山から下山した場所にある板宿八幡神社。ゴールまでもう少しなのでここでひと休み

2 高倉山 10:00

標高200mの山頂へ

「おらが山」と呼ばれるコース前半最後の山。須磨寺公園として整備される標高約190mの山上には展望台や休憩所などを完備。山側の町並みまで一望できる。

標高274mの栂尾山(とがおやま)。展望台もあり、大パノラマな景色が望める。ここでお弁当を食べる人も多い

↑展望台や休憩所などが整備されている高倉山の山上。ここから住宅街に下山したあと、コースの後半がスタート

←須磨アルプス最後の山の東山の山頂。木々に囲まれた広場が広がる。ここからは下るだけ

朝買って山でパクリ

←須磨アルプスは㉞須磨浦公園駅からすぐなので、買い出しはロープウェイ横の売店で。ただし弁当などはないので注意

須磨浦ショップ

☎078・731・2520(須磨浦山上遊園)
🕐10:00〜17:00(季節により㊏㊐㊗〜18:00)㊡㊋(㊗の場合営業)

1 鉢伏山（東部展望台） 9:25

最初の山から海が一望可

スタートから25分ほどにあるコース最初の山の鉢伏山。標高246mの山頂までの途中には東部展望台もあり、神戸市街や明石海峡などの海側の景色を楽しむことができる。

Start 9:00
㉞須磨浦公園駅
ここまでのアクセス
㉞大阪梅田駅より山陽姫路行特急で約50分
¥730

←東部展望台からの景色。神戸の市街地方面から明石海峡大橋まで大パノラマな景色が楽しめる

33

ハイキングDATA

標高	約702m
歩行距離	約5km
歩行時間	約2時間50分
らくらく度	楽 ├──★─┤ 難
トイレ	ⓦ王子公園駅、掏星台などにあり
備考	摩耶ロープウェー星の駅2階にカフェあり

問い合わせ先
🅟monte（モンテ）702
📞078・882・3580

ルート

Start 🚃王子公園駅 ◀約30分 ▶ 1 摩耶山青谷道（登山口） ◀約100分 ▶ 2 摩耶山山頂 ◀約10分 ▶ 3 掏星台 ◀約30分（ロープウェー・ケーブルカー含む） ▶ Goal 摩耶ケーブル駅

六甲山の人気眺望エリアで
アートと絶景のコラボを

MAYASAN

摩耶山
まやさん

六甲山地の中心に位置する摩耶山は、六甲山と並ぶ人気ハイキングコース。標高702mの山頂へは、青谷道と呼ばれる旧天上寺の参詣道を通って登るのがおすすめ。山上では日本三大夜景で知られる阪神間の絶景がハイカーを迎えてくれる。山頂とふもとを結ぶ「まやビューライン」の大パノラマな空の旅も魅力の一つ。

絶景の宝庫・六甲山系のなかでも一、二を争う掏星台からの景色。阪神間の町並みはもちろん、晴れた日には関西国際空港なども望める

中腹からは
ケーブルカーで!

⬆ケーブルカーの傾斜は29度。深い森のなかを一気に駆け上がる➡中腹の虹の駅からふもとの摩耶ケーブル駅を結ぶ

ケーブルカーDATA

料金片道¥450、往復¥780
乗車時間5分 運行時間10:00〜17:40の20分間隔で運行（金⊕日祝、夏休みは〜21:00）※季節により異なる。混雑時は臨時運行あり
📞078・861・2998（まやビューライン星の駅）困🅧（祝の場合翌平日）

ロープウェーDATA

料金片道¥450、往復¥780
乗車時間5分 運行時間10:10〜17:30の20分間隔で運行（金⊕日祝、夏休みは〜20:50）※季節により異なる。混雑時は臨時運行あり
📞078・861・2998（まやビューライン星の駅）困🅧（祝の場合翌平日）

まやビューラインと呼ばれる摩耶ケーブル＆ロープウェー。緑の上を滑るように山の斜面を登っていく

↑摩耶山に出没する天狗を封じ込めたという伝説が残る天狗岩。摩耶山山頂はこの裏側

3 掬星台 11:45

夜景の名所は昼も絶景！

摩耶山の山上に広がる展望台。ここからの夜景は日本三大夜景の一つにも数えられ、昼間でも阪神間の大パノラマな景色が楽しめる。ウッドデッキやトイレなど施設も充実。

↑東側＆西側の2か所の展望台があり、阪神間の町並みなどが楽しめる

地図ラベル
- 桜谷道
- 摩耶別山
- 卍摩耶山天上寺
- ③掬星台
- ②摩耶山山頂（標高702m）▲
- 摩耶ロープウェー 星の駅（CAFE702、monte702 摩耶ビューテラス702 2F）
- 奥之院跡
- 摩耶山史跡公園
- 仁王門
- まやビューライン
- 虹の駅
- 虹の駅
- 摩耶ロープウェー
- 摩耶ケーブル
- 成田不動明王
- 五鬼城山展望公園
- あけぼの茶屋
- 山陽新幹線
- 神戸高
- ①摩耶山青谷道（登山口）
- 摩耶ケーブル駅 摩耶ケーブル下
- 摩耶ケーブル南

↑天狗岩の社の裏側にある摩耶山の山頂。木々に囲まれ、景色を望むことはできない

2 摩耶山山頂 11:30

木々に囲まれた最高地点

摩耶山史跡公園から20分ほど歩いた場所にある標高約702mの摩耶山の山頂。展望台などはなく、山頂を示す三角点と看板が設置されている。ここから掬星台までは10分ほど。

→摩耶山史跡公園として整備されている旧摩耶山天上寺。ここからの眺望もおすすめ

 （中央部の写真）

↑虹の駅から山上の星の駅を約5分で結ぶまやビューラインのロープウェー

13:40
Goal
摩耶ケーブル駅

帰りのアクセス

坂バスJR灘駅前行約10分 🚃阪急王子公園駅南下車、王子公園駅より大阪梅田行約39分で大阪梅田駅へ 🎫¥530

地図ラベル（下部）
- 松蔭中・高
- 神戸海星女子学院高・大
- 葺合高
- 上筒井小
- 灘温泉 水道筋店
- 水道筋商店街
- 王子公園
- 王子動物園
- 王子公園駅
- 阪急王子公園南
- 阪急神戸線
- 灘
- JR神戸線

→青谷川に沿って北上、住宅地の坂道を登った所にある摩耶山青谷道の登山口。住宅地は静かに歩こう

1 摩耶山青谷道（登山口）9:30

滝や渓谷を見ながら進む

摩耶山のふもとから旧天上寺（現摩耶山史跡公園）まで続く摩耶古道の一つ。ルートの大半を青谷川に沿って歩くので、大小の滝や渓谷などが楽しめる。コース途中には茶屋もある。

9:00
Start
🚃王子公園駅

ここまでのアクセス

🚃大阪梅田駅より神戸本線神戸三宮行約39分 🎫¥320

0　　　500m

下山後のごほうび

灘温泉 水道筋店

六甲山の天然水のお風呂でさっぱり

露天風呂など4種の浴槽で六甲山の天然地下水を使ったお湯が楽しめる。循環せずに使う六甲山の「宮水」の水風呂でのアイシングや、サウナでハイキングの疲れを癒そう。

📍神戸市灘区水道筋1-26 ☎078・861・4535
🕐5:00～24:00（最終受付23:15）休不定休
🅿20台（無料）

↑水道筋商店街の東端にある銭湯。アメニティも充実する

青谷川沿いが気持ちいい！

→登山口から摩耶山青谷道を登ってすぐの場所は景色が開け、神戸市内が見渡せる

芦屋から有馬へと抜けるルートは六甲山で最も人気のコース。お楽しみはロックガーデン。日本近代登山発祥の地と言われるこの岩場は、コース最大の難所で、クライミング気分が楽しめるポイントだ。ここを抜けると絶景が広がる風吹岩など、前半に見どころが集中しているのもうれしい。山頂から有馬へ下山後は、名湯で疲れを癒そう。

山頂を縦断する六甲ハイクの人気コース

六甲山最高峰

るっこうさんさいこうほう

ROKKOUSAN SAIKOUHOU

ハイキングDATA

標高	約931m
歩行距離	約14km
歩行時間	約5時間10分
らくらく度	楽 ├──★─┤ 難
トイレ	滝の茶屋周辺、山頂にあり
備考	六甲山最高峰近くに茶屋あり
問い合わせ先	なし

最高峰へ向かう途中にある絶景ポイント「風吹岩」で休憩。最高峰はここから標高がさらに484mも高い！

Start 芦屋川駅
↓ 約35分
1 登山道入口
↓ 約20分
2 ロックガーデン
↓ 約30分
3 風吹岩
↓ 約60分
4 雨ヶ峠
↓ 約30分
5 東お多福山
↓ 約55分
6 六甲山最高峰
↓ 約80分
Goal 神戸電鉄有馬温泉駅

↑日本の近代登山発祥の地と言われるロックガーデン
↓鎖などを使って無理せず自分のペースで登るのがコツ

9:00

2 ロックガーデン

コース最大の難所を進む

風雨による長年の浸食で形成された花崗岩の岩場。コース最大の見どころ。一見、難しそうなルートだが、岩の凸凹や鎖も多くあり、手と足を使えばクリアも簡単だ。

8:35

1 登山道入口

芦屋川駅前からスタート

住宅街を抜けると登山道の入口。茶屋が2軒あり、飲み物などの買い出しはここが最後のチャンス。茶屋のすぐ近くには高座の滝と呼ばれる高さ10mほどの夫婦滝もある。

↑ここから本格的な登山道が始まる。高座川の上流にある高座の滝。横にはお堂もあり、登山の無事を祈願する人も多い

15:20

Goal
神戸電鉄
有馬温泉駅

帰りのアクセス

神戸電鉄有馬温泉駅より有馬口行約4分、有馬口駅で新開地行に乗り換え約37分、◉新開地駅より◉神戸線特急で約35分、◉大阪梅田駅へ◉¥1,040

ごほうびが楽しみ！

らくらく登山！

↑↑→スタートから約5時間で最高峰に到着。山頂を示す三角点や最高峰の標識なども
↑南側に阪神間の町並みが

6 六甲山最高峰 **12:50**

標高931mの山頂に到着！

東お多福山から55分ほど登った場所にあるのが標高931mの六甲山の最高峰。大パノラマとはいかないものの有馬＆阪神間の景色が楽しめる。10月はススキが見ごろに。

↑六甲山最高峰の少し手前のあたりからは、大阪方面の大パノラマが見られる

⑥六甲山最高峰
（標高931m）

⑤東お多福山
（標高697m）

↓視界の開けた草原の道が山頂まで続き、歩いていても気持ちいい

4 雨ヶ峠 **11:00**

東お多福山へ寄る分岐点

東お多福山方面への分岐点。まっすぐ最高峰を目指すのもいいが、ちょっと寄り道して東お多福山へ。目的地までの距離を書いた案内板があるので、ルートを再チェック。

↑雨ヶ峠周辺は木々に囲まれており、直射日光を避けてひと休みするのに最適。またあずまやもあるので、ここでお弁当を広げるハイカーも多い

④雨ヶ峠

5 東お多福山 **11:45**

開けた草原を進んでいこう

最高峰の手前にある標高697mの東お多福山。六甲山では珍しい草原が広がり開放感抜群の道が続く。山頂に近づくにつれ、視界も広がり木々の間から阪神間の景色も。

←阪神間の大パノラマな景色が広がる絶景ポイント。ロックガーデンと並ぶ芦屋〜有馬ルートの人気ポイント
↑巨大な岩峰がそびえる風吹岩。山登り気分を盛り上げてくれる

③風吹岩
②ロックガーデン
①登山道入口

3 風吹岩 **9:45**

コース一番の絶景はここで

標高447mの位置にあるコース随一の絶景ポイント。巨大な岩峰が2つあり、そこを風が吹き抜けるのが名前の由来だとか。岩場の上に立つと阪神間の大パノラマが広がる。

8:00

Start
◉芦屋川駅

ここまでのアクセス

◉大阪梅田駅より神戸線神戸三宮行約29分、◉芦屋川駅へ◉¥290

0 500m

↑「三津森本舗」などが並ぶ湯本坂の店。ティラミスなども好評

ごほうび飯

下山後の疲れも吹き飛ぶ！

有馬温泉で
ごほうび飯&温泉

六甲山を制覇したら、
有馬の名湯につかるのがお約束！
食事やおみやげも楽しみ。

↑炭酸和ッフル。炭酸水を加え焼き上げたふわふわのワッフルに、粒あんとクリームなどをはさみ、炭酸煎餅をトッピング

MITSUMORI CAFE

☎078・904・0107

名物・炭酸せんべいがワッフルに！

炭酸せんべいで有名な「三津森本舗」が手がけるカフェ。スイーツメニューは炭酸煎餅を使ったものがそろう。人気アイテムは、ふっくらフワフワ食感がクセになる和ッフル。

[住]神戸市北区有馬町810
[時]9:00～17:00（LO16:00）
[休]不定休
[席]16席

↑但馬玄と淡路島のタマネギを合わせたオニオンサボールバーガーが名物だ。店は有馬玩具博物館の2階にある

有馬温泉プレミアム
サンドイッチショップ SABOR

☎078・587・7581

バーガー＆サンドイッチカフェの店

国内和牛のわずか0.25％という希少なブランド牛「但馬玄」を使ったハンバーガーが食べられる。炭酸フレークをはさんだ銀泉バーガーなどのご当地バーガーもチェック。

[住]神戸市北区有馬町797 有馬玩具博物館2F
[時]ランチ11:30～15:00（LO）、カフェ11:30～17:00（LO16:30）[休]不定休
[席]30席

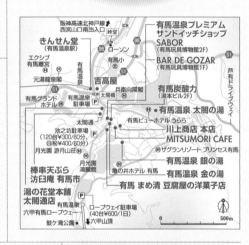

↑右から、いかあげ、じゃがバター←駅前の温泉街にあるので、食べ歩きにピッタリ！ボリュームも満点

↑手焼き豆乳とおからのドーナツ プレーンのほかにソフトクリーム（写真は抹茶）も提供←イートインも可

↑ニュールンベルガーソーセージはたっぷりの肉汁とハーブの風味が人気←eスポーツのプレイ動画が流れる店内

棒串天ぷら 汸臼庵 有馬市

☎078・907・5538

食べ歩きにピッタリな天ぷらを堪能

有馬温泉の名物でもある、揚げたての天ぷらが並ぶ。人気のいかあげは、素朴な味わいでふわっとした優しい食感が評判だ。ホクホク感がやみつきになるじゃ가バターも。

[住]神戸市北区有馬町1645
[時]10:00～18:00
[休]不定休

有馬 まめ清 豆腐屋の洋菓子店

☎078・903・1470

豆乳ドーナツをテイクアウト

有馬ドーナツが評判の店。豆乳とおからを使い、手焼きしたドーナツは定番のプレーンから季節メニューまで8種。しっとりとした食感と程よい甘さがクセになる。

[住]神戸市北区有馬町869-3
[時]10:00～17:00
[休]水
[席]6席

BAR DE GOZAR

☎078・904・0551（陶房 御所坊）

eスポーツを観戦しながら乾杯！

仲間と一緒にeスポーツを観戦できるスポーツバー。スクリーンに流れるeスポーツを観戦しながら、オリジナルソーセージやクラフトビールなどを味わおう。

[住]神戸市北区有馬町797 有馬玩具博物館1F
[時]10:00～20:00（LO19:30）※日により変更あり
[休]不定休
[席]40席

有馬温泉 太閤の湯 （たいこう）

📞078·904·2291

日本三名泉を存分に堪能する

日本三名泉の金泉、銀泉が満喫できる日帰り温泉施設。4世紀ぶりに復元された秀吉の岩風呂のほか、サウナも大人気。バスタオル、館内着付きで手ぶらOKなのがうれしい。

🏠神戸市北区有馬町池の尻292-2
🕐10:00〜22:00（最終受付21:00）
🈶不定休（24年1/9✕、以降は要問合せ）

➡金泉かけ流しの露天風呂、「太閤の岩風呂」。写真の浴場は男女浴場それぞれで楽しめる

➡好評のサウナ。ほかに「太閤の湯殿」には5つの岩盤浴があり、1回30分まで無料

⬆主浴槽は、秀吉が利用したと言われる岩風呂をイメージして造られている

⬅中心部から少し外れた場所に位置している

有馬温泉 銀の湯

📞078·904·0256

炭酸効果で肌もなめらかに

炭酸泉（単純二酸化炭素冷鉱泉）とラジウム泉（単純放射能温泉）を混合した、無色透明の銀泉。気泡が吹き出すバイブラバスとの相乗効果により、湯上がりもさっぱり。

🏠神戸市北区有馬町1039-1
🕐9:00〜21:00（最終入館20:30）
🈶第1·3⽊（㊗の場合翌日）

⬆金泉浴槽は44℃の「あつ湯」と42℃「ぬる湯」の2種類が用意されている

⬅有馬温泉のランドマーク的な存在

有馬温泉 金の湯

📞078·904·0680

有馬を代表する公衆浴場

有馬伝統の金泉を手ごろな料金で利用できる人気スポット。湧出時は無色透明だが、含まれている鉄分が空気に触れて酸化し、独特の色に。保温·保湿効果に優れている。

🏠神戸市北区有馬町833
🕐8:00〜22:00（最終入館21:30）
🈶第2·4⽕（㊗の場合翌日）

A 有馬炭酸力（たんさんりき）

炭酸飲料が約90種もそろう炭酸専門店。手裏剣などが体験できる忍者道場も併設。
🏠神戸市北区有馬町1798 湯本ビル2F
📞078·903·5757🕐11:00〜17:30🈶なし🈭5席

B 川上商店 本店

室町時代後期創業の佃煮の老舗。「かまど」で炊き上げる昔ながらの製法にこだわる。
🏠神戸市北区有馬町1193
📞078·904·0153🕐9:00〜17:30🈶⽔

C 湯の花堂本舗 太閤通店

職人が焼き上げる「炭酸せんべい」。型から外してすぐにもらえるので、アツアツ。
🏠神戸市北区有馬町1645
🕐078·904·1405🕐9:00〜18:00🈶不定休

D 吉高屋

明治時代から続く店で、独自展開するカメ印ブランドの入浴剤や洗顔石鹸が人気。
🏠神戸市北区有馬町259📞078·904·0154
🕐9:30〜19:00🈶⽔（㊗の場合営業）

E きんせん堂

神戸電鉄有馬温泉駅構内にある和菓子店。有馬名物「金泉焼」が好評！
🏠神戸市北区有馬町266-2 有馬温泉駅
📞078·904·4755🕐9:30〜16:00
🈶日㊗9:30〜17:00🈶なし

⬆カメ印炭酸泉ミストD
有馬の温泉水（炭酸泉）源泉100％の炭酸泉ミスト。肌の調子を整える製品で、湯上がりに顔や体に吹き付けたい

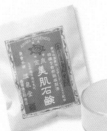

⬅カメ印金泉美肌石鹸D
金泉を配合し、80〜90日かけて自然熟成製法で作る無添加洗顔石鹸。コラーゲンも配合されているので、保湿効果も期待

⬆有馬煮B
定番となる、ちりめん昆布の佃煮。カツオと山椒の風味が広がり、旨味も十分。秋の松茸こんぶなどの季節限定の佃煮も

⬆ありまサイダー てっぽう水（左）などA
山椒の発泡酒、有馬薫（右）も香り高く評判。店内のカウンターで飲むこともできる

⬆炭酸せんべいC
職人が一枚一枚型を使って焼き上げ、みやげにも最適。店頭では、焼きたての煎餅を「なま炭酸せんべい」として販売

⬇金泉焼5枚入りなどE
十勝小豆のあんを小餅で包み、有機大豆の醤油を塗って金泉色に焼き上げた、香ばしいお焦げの香りと餅あんの甘さが合う

テーマ別 低山ハイキング

ビギナーOKのコースを厳選

時間がなかったり、技術に自信がなくても、気軽にハイキングが楽しめる関西の低山。駅からすぐのコースやパワースポットなど、テーマ別に選べる16コースを紹介！

※歩行時間にはロープウェーやケーブルカーなどの乗車時間を含みます

駅からすぐ！ P42
二上山／比叡山／高取山 甲山

ロープウェイ＆ケーブルカーで P50
吉野山／生駒山

パワースポット P54
信貴山／高野山／書写山 圓教寺

歩き重視のハイキング P60
六甲山上／金剛山／再度山

町さんぽと一緒に P66
竹田城跡／若草山／八幡山／大文字山

本格的な装備がなくてもOK！

西向きに開口する大小2基の石窟で構成される岩屋。凝灰岩を削って造られた窟内には、石塔や仏像の浮彫りが残っている

歴史ロマンあふれる山で古代のおもかげに触れる

二上山
にじょうさん

ハイキングDATA

標高 約517m(雄岳)		歩行距離 約8km	
歩行時間 約2時間45分			
らくらく度 楽 ├──┤★├──┤ 難			
トイレ 近二上山駅、馬の背、當麻寺、近当麻寺駅			
備考 近二上山駅、コース上にコンビニなし			

問い合わせ先
葛城市商工観光プロモーション課
☎0745・44・5111(直通)

3 岩屋 12:50

国史跡でもある石窟寺院跡

雌岳から15分ほど下った場所にある石窟寺院跡。奈良時代の築造と言われ、国の史跡にも指定。當麻寺の国宝「當麻曼荼羅」は、中将姫がここで織り上げたと言い伝えられる。

➡岩屋のすぐ近くにある岩屋の千年杉。幹周り約6mの巨木が横たわり、その下をくぐって通る

奈良と大阪を分ける二上山は雄岳、雌岳から成る双耳峰。万葉集で「ふたかみやま」と読まれ、神聖な山岳としてあがめられてきた。大阪側(太子町)からも登頂できるが、駅から比較的近い奈良側(葛城市)から雄岳、雌岳を目指そう。下山はボタンの花で知られる當麻寺方面へ。参道には店も多く、ハイキングの疲れを癒してくれる。

6 當麻寺 14:30

ボタンの名所として知られる古刹

聖徳太子の弟・麻呂子王が創建した万法蔵院が起源の古刹。中将姫が一夜にして織り上げたと伝わる「當麻曼荼羅」が本尊として祀られる。4月中ごろ～末ごろはボタンが見ごろ。
☎0745・48・2202(西南院)／🕘9：00～17：00 🈔なし

5 傘堂 14:00

本多政勝を弔う傘形のお堂

二上山麓に広がる大池の東畔にある堂。文字どおり傘の形をした堂で、郡山藩主・本多政勝の菩提を弔うため1674年に建てられた。安楽往生を願う庶民信仰の対象にもなっている。

Goal 15:30

近当麻寺駅

帰りのアクセス
近南大阪線準急で約40分、大阪阿部野橋駅へ／¥680

もうすぐゴール！

| Goal 近当麻寺駅 | ◀ 約15分 | 6 當麻寺 | ◀ 約20分 | 5 傘堂 | ◀ 約15分 | 4 祐泉寺 | ◀ 約15分 | 3 岩屋 | ◀ 約15分 | 2 雌岳 | ◀ 約20分 | 1 雄岳 | ◀ 約65分 | Start 近二上山駅 |

春日大明神

↓近二上山駅から踏切を渡った場所にある登山口までの案内板。左右どちらからでもアクセス可

10:00

Start

近 二上山駅

ここまでのアクセス

近大阪阿部野橋駅より南大阪線準急
橿原神宮前行で約36分￥590

登山口までの案内板

分岐に注意してね

下山後のお楽しみ

■ 茶房 ふたかみ

當麻寺の仁王門前にある茶店。柿の葉すしセットは、柿の葉寿司2個とにゅうめん、うどん、そばから選択可。生和菓子付きのドリンクセットもあり。

 葛城市當麻1241
 0745・48・4315
 9:30〜17:30(LO)
 不定休 30席
 あり

---

1 雄岳 **11:30**

標高517mの最高峰はここ

二上山の最高峰となる標高517mの雄岳。山頂には三角点や展望台はなく、国定公園の看板と広場が。

↑↑山頂には歴史ファンに人気の大津皇子の墓や葛木二上神社がある
↑木々におおわれた雄岳の山頂

←登山口入口から30分ほど歩いた場所にある二上神社口分岐。左右どちらでもOKだが、左からの方が近い

←雄岳と雌岳の間にある馬の背。休憩所として整備され、トイレも完備する。ここから雄岳へは100mほど

←岩屋(岩屋峠)から少し下ると、祐泉寺まで沢沿いの道が続く。途中に2か所ほど水場がある

山上でひと休み!

お寺がたくさん!

---

4 祐泉寺 **13:30**

秋には紅葉の名所にも

沢沿いの道を下ると現れる祐泉寺。988年に性空上人が開創した比叡山延暦寺の末寺で、一見民家のようだが、境内に入って本堂を参拝することもできる。秋には周囲のカエデなどの紅葉が美しい。

---

❶ 雄岳
(標高517m)
▲
葛木二上神社
卍
大津皇子墓

雌岳方面へ
馬の背
岩屋峠方面へ

円形展望台
▲❷雌岳
(標高474m)
岩屋峠

❸ 岩屋

❹ 祐泉寺

町並みも楽しんで!

---

2 雌岳 **12:10**

大阪や奈良方面の絶景はここで

標高474mの雌岳。雄岳に比べ眺望もよく奈良方面、大阪方面の景色が広がる。山頂は公園のように整備され、巨大な日時計のモニュメントや椅子、テーブルなどもある。

❺ 傘堂

❻ 當麻寺

茶房ふたかみ

仁王門
中之坊
護念院
西南院
奥院

当麻小
當麻病院
當麻小附属幼稚園
高雄
明圓寺
石光寺

大龍寺
當麻山口神社

専称寺
卍
春日神社
卍 明願寺
登山口

近 二上山駅
近鉄南大阪線
大和高田バイパス
165

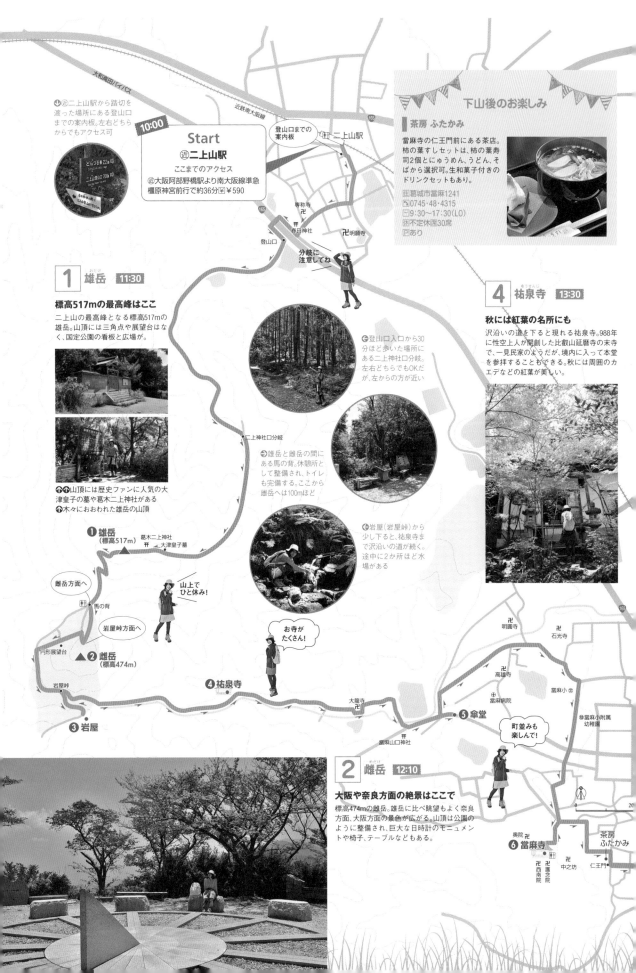

⬆比叡山の北側の山並みを一望するつつじヶ丘。秋には紅葉が楽しめる比叡山系の山々の景色が楽しめる

日本三大霊場の一つとして知られる比叡山は、多くの参拝者が訪れる霊峰。ハイキングコースとしても人気で、霊峰ならではの神秘的な雰囲気と古都＆琵琶湖の絶景が楽しめる。高低差日本一の叡山ケーブル＆ロープウェイと日本一の長さを誇る坂本ケーブルを使えば登頂＆下山も楽ちんで、気軽に比叡山の魅力を体感できる。

HIEIZAN 比叡山
ひえいざん

レイクビューが広がる日本3大霊場の一つ

京都洛北の八瀬から比叡山中腹まで561mの日本一の高低差を運行する叡山ケーブル＆ロープウェイ（写真）。後ろには古都の町並みが!

ハイキングDATA

標高 約848m	歩行距離 約3.6km	歩行時間 約2時間20分
らくらく度 楽 ←ー★ーー→ 難	トイレ 各駅、延暦寺などにあり	
備考 ケーブル八瀬駅付近にコンビニあり	問い合わせ先 なし	

3 比叡山延暦寺 11:40

山に点在する大建築を巡ろう

比叡山全体に寺域が広がる比叡山延暦寺。東塔は国宝の根本中堂や大講堂などの大建築が並ぶ、中心地とも言えるエリア。大改修中の根本中堂を間近に見られる修学ステージも公開中。

🏠大津市坂本町4220📞077・578・0001
🕐東塔9:00〜16:30、西塔・横川9:00〜16:00、12〜2月9:30〜（巡拝最終受付各30分前）
🅿なし

⬆1937年の開創1,150年を記念し建立された法華総持院東塔・阿弥陀堂。堂前では水琴窟が美しい音色を奏でる

⬅1927年に敷設された坂本ケーブル、2,025mの運行距離は日本一

ケーブルカーDATA

料金片道¥870、往復¥1,660
乗車時間約11分
運行時間9:00〜18:15の毎時00分、30分発※最終のみ15分発。季節により異なる。混雑時は臨時運行あり
📞077・578・0531（坂本ケーブル）

ここの分岐をまっすぐ進むと比叡山延暦寺の東塔、左に曲がると西塔・横川へと向かう

⛩日吉大社

比叡山の門前町として栄えた坂本。石積みの情緒あふれる町並みが広がる

🏠旧竹林院

ケーブル坂本駅

🏠比叡山中・高

⛩日吉東照宮

坂本ケーブル

もたて山駅

⬅ケーブル延暦寺駅横と2階には、琵琶湖を一望する展望スペースが広がる

ほうらい丘駅

⬅坂本ケーブルの車内からは比叡山の自然と目の前に広がる琵琶湖の景色が楽しめる

本家 鶴㐂そば

甘味処うえだ

セブン-イレブン

坂本比叡山口

京阪石山坂本線

JR湖西線

比叡山坂本駅

乗り物でも歩きでも絶景続き!

Goal 14:40

Ⓙ比叡山坂本駅

帰りのアクセス
Ⓙ湖西線新快速姫路行約45分、大阪駅へ
🎫¥990

🎌 下山後のお楽しみ

■手打蕎麦 鶴㐂

創業300年あまりの手打ちそばの老舗。断食を終えた修行僧が食したとされるそばは、風味も抜群。国の登録有形文化財の築137年の入母屋造の建物で打ちたてのそばを味わって。

🏠大津市坂本4-11-40📞077・578・0002
🕐11:00〜15:00(LO14:30)要確認。毎月最終月、8月最終月㊋、11月無休、元日㊡96席

⬆その日の条件で水やつなぎの配分を調整。写真は天ざるそば

■甘味処うえだ

比叡山の門前町として栄えた坂本。その京阪坂本比叡山口駅のすぐ近くにある甘味処。おみやげなども販売する店内では、丹波栗を使った栗ぜんざいなど手作りの甘味が味わえる。

🏠大津市坂本3-10-30📞077・578・0382
🕐10:00〜17:00㊡水木🪑12席

⬆好みで黒ミツをかけて食べるわらび餅抹茶セット

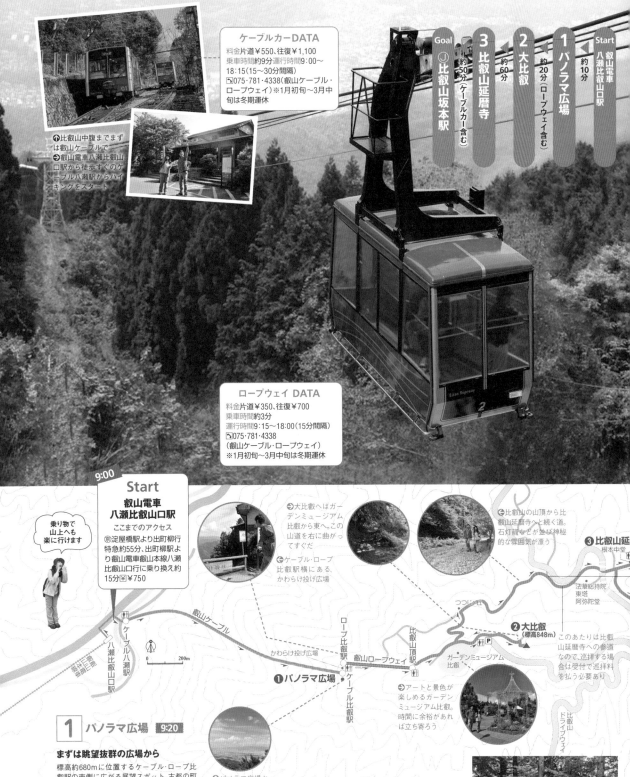

ケーブルカーDATA
料金片道￥550、往復￥1,100
乗車時間約9分運行時間9:00〜
18:15(15〜30分間隔)
☎075・781・4338比叡山ケーブル・
ロープウェイ)※1月初旬〜3月中
旬は冬期運休

↑比叡山中腹まではまず
は叡山ケーブルで
→叡山電車八瀬比叡山
口駅から徒歩すぐのケ
ーブル八瀬駅からハイ
キングをスタート

Goal	3	2	1	Start
Ⓙ比叡山坂本駅	比叡山延暦寺	大比叡	パノラマ広場	叡山電車八瀬比叡山口駅
約50分(ケーブルカー含む)	約60分	約20分(ロープウェイ含む)	約10分	

ロープウェイ DATA
料金片道￥350、往復￥700
乗車時間約3分
運行時間9:15〜18:00(15分間隔)
☎075・781・4338
(叡山ケーブル・ロープウェイ)
※1月初旬〜3月中旬は冬期運休

9:00

Start
叡山電車
八瀬比叡山口駅

ここまでのアクセス
翩淀屋橋駅より出町柳行
特急約55分、出町柳駅よ
り叡山電車叡山本線八瀬
比叡山口駅行に乗り換え約
15分￥750

乗り物で
山上へも
楽に行けます

→大比叡へはガー
デンミュージアム
比叡から東へ。この
山道を右に曲がっ
てすぐだ

←ケーブル・ロープ
比叡駅横にある、
かわらけ投げ広場

↑比叡山の山頂から比
叡山延暦寺へと続く道。
石灯籠などが並ぶ神秘
的な雰囲気が漂う

❸比叡山延
根本中堂

法華総持院
東塔
阿弥陀堂

このあたりは比叡
山延暦寺への参道
なので、巡拝する場
合は受付で巡拝料
を払う必要あり

叡山ケーブル

ケーブル八瀬駅

八瀬比叡山口駅

ロープ比叡駅

叡山ロープウェイ

かわらけ投げ広場

比叡山頂駅

❶パノラマ広場

ケーブル比叡駅

つつじヶ丘

❷大比叡
(標高848m)

ガーデンミュージアム
比叡

→アートと景色が
楽しめるガーデン
ミュージアム比叡。
時間に余裕があれ
ば立ち寄ろう

比叡山
ドライブウェイ

0　　　200m

1 パノラマ広場 9:20

まずは眺望抜群の広場から
標高約680mに位置するケーブル・ロープ比
叡駅の南側に広がる展望スポット。古都の町
並みはもちろん、遠くは大阪平野まで見渡せ
る大パノラマな景色が楽しめる。

↑パノラマ広場か
ら南へ少し歩いた
場所にある比叡
ビュースポット。穴場
の展望ポイントと
して好評

←ベンチや望遠
鏡などもある展
望スポット。ロー
プウェイの便を
1本見送って、こ
こで眺望を楽し
むことも

2 大比叡 10:30

比叡山の最高地点はここ!
ガーデンミュージアム比叡から東へ約5分歩
いた小高い丘にある大比叡。ここが標高848
mの比叡山の最高峰。一等三角点の柱石もあ
り、比叡山ハイキングの隠れた人気ポイント。

↑意外と知られていない比叡山の最高峰。眺望抜
群とはいかないが、ぜひ立ち寄りたい場所

0   200m

TAKATORIYAMA

高取山

たかとりやま

六甲縦走路の一つで、六甲山系では珍しい単独峰。山道にはいたる所に祠が見られ、山岳信仰の山としても広く知られている。標高328mと低山のため、初心者でも気軽に登山に挑戦できるのが魅力。また、ハイカーでにぎわう茶屋が並ぶので、山の絶品グルメを多彩に楽しもう。

●茶屋が点在する下山ルートは舗装された階段なので歩きやすい。長田へは分岐を直進し南へ

安井茶屋

白川大明神跡

中の茶屋

清水茶屋

神戸宮丘郵便局〒

高取台中〒

●鳥居の先に神戸の街が広がる階段からの眺め。風景を楽しみながら下山しよう

長田小

長田神社 卍

長田高

神戸村野工高

加島の玉子焼
（カステーラ）

西市民病院

パティスリィ
ビスキュイ

阪神神戸高速線

JR神戸線

ハイキングDATA

標高 328m	**歩行距離** 約7.2km
歩行時間 約1時間50分	
らくらく度 楽★★★★★難	
トイレ 山頂から下山途中に3か所あり	
備考 妙法寺駅周辺にスーパーとコンビニあり	
おすすめ休憩スポット	
山頂から下山方向に点在の茶屋を利用	

海まで
見渡せます

13:00
Goal
㊞高速長田駅
帰りのアクセス
㊞高速長田駅より梅田行神戸高速直通特急で約10分、㊞神戸三宮駅へ￥150

Goal
㊞高速長田駅
約45分

3
高取神社
約5分

2
高取山山頂
約10分

1
荒熊神社
約50分

Start
㊞㊞妙法寺駅

🎏 下山後のお楽しみ

■ パティスリィ ビスキュイ
しっとりソフトな生地の口溶けが自慢
毎朝神戸市中央卸売市場で厳選したフルーツを仕入れるなど、素材へのこだわりは人一倍。ソフトでしっとりとしたスポンジと北海道の低脂肪生クリームの味も抜群！
🏠神戸市兵庫区駅前通5-3-30
☎078・512・0071🕙10:00〜20:00
(LO19:30)🈺火曜16席

●牛乳のムース。極限まで口当たりを軽くしたムースはひと口食べればっと溶けるようななめらかさ

■ 加島の玉子焼（カステーラ）
100年以上続くひとくちカステラの老舗
縁日でおなじみのひとくちカステラを、昔ながらの製法で作り続けて100年。卵と小麦粉、砂糖で作った素朴で変わらぬ味わいが懐かしいと親しまれている。
🏠神戸市長田区長田町3-2-1🈺なし
🕙10:00〜19:00🈺火※※🈺毎月1日は営業、毎月20日、21日🈺なし

●絶妙な焼き加減で、冷めてもおいしいと評判のひとくちカステラ（16個入り）

2 高取山山頂 10:20

山頂から絶景を堪能！

荒熊神社からすぐの須磨側の山頂で絶景を満喫しよう。また、高取神社からの景色は「神戸らしい眺望景観10選」にも選ばれているほど。須磨海岸や鉢伏山などの景色が広がる。

↑社殿の北にある鳥居をくぐれば、須磨側の山頂に。社殿周辺の景色も必見

↑境内の高台からの眺めは、鳥居の朱色と山、青空のコントラストが美しい

↓社殿の東には朱色が映える鳥居が何本もつらなる。その景観は見応えあり

↑須磨側山頂からの風景。長田側山頂にある高取神社からの景色も必見！

1 荒熊神社 9:50

健康や厄よけのご利益あり

〝荒熊さん〟の愛称で親しまれている春日神社の末社。身体健康や交通安全、開運厄よけなど、さまざまな幸運を授かれる。神社の裏側には三角点が設置され、その隣には広場もある。

妙法寺入口

妙法寺出口

妙法寺駅

リファーレ横尾

9:00

Start

㊉㊄妙法寺駅

ここまでのアクセス

㊟大阪駅より神戸線姫路行新快速で約20分、三ノ宮駅で神戸市営地下鉄に乗り換え約15分、㊉㊄妙法寺駅へ㊤￥730

↑駅から南へ下り10分ほど歩くと交差点が。看板を目印に交差点から東へ

② 高取山山（標高328m）

① 荒熊神社 ▲

③ 高取

↓「六甲縦走路」の看板に沿って登山口へ。妙法寺小学校そばの公園からすぐ

神戸市街も一望できる
駅からすぐの低山ハイク

長田側山頂の高取神社からの景色。神戸港や神戸空港など市内の景色が見渡せる。南側には関空やりんくうタウンなど泉州の町並みが見える

3 高取神社 10:45

山頂一帯を神域とする神社

日本神話で雷神かつ剣の神とされる「武甕槌尊（たけみかづちのみこと）」と、食物の神「豊受姫命（とようけひめのみこと）」を主祭神として祀る。山頂一帯を神域とし、息をのむほどの眺望。

駅からすぐ
スタート!

Course 13

兵庫・西宮

歩くのは 約**2**時間**15**分

1 甲山森林公園　10:45

展望台から町並みを望む

甲山の山麓に広がる森林公園。約83万㎡の園内には展望台や甲山を望む噴水広場など見どころも満載。自販機やトイレもあり、ハイキングの立ち寄りに最適だ。

☎0798・73・4600
⌚入園自由(管理事務所9:00〜17:00)
休なし(年末年始あり)
¥入園無料

↩園内にある2階建ての展望台。大パノラマな景色を見ながらひと休みしよう

↪園内東側にある展望台からは、大阪平野など大パノラマな景色が

ハイキングDATA

標高	約309m
歩行距離	約7km
歩行時間	約2時間15分
トイレ	甲山森林公園などにあり
らくらく度	楽★┼┼┼難
問い合わせ先	甲山森林公園 ☎0798・73・4600

KABUTOYAMA

甲山

かぶとやま

↩舗装された園路(写真)と山登り気分を味わえる軽登山道の2つのルートがある

↪甲山森林公園を象徴する中心施設のシンボルゾーン。笠形噴水などがあり、正面には甲山がそびえる

2 甲山自然学習館　11:20

甲山周辺の自然環境を学ぶ

甲山周辺の自然環境を紹介する入館無料の施設。館内には四季の植物や水生生物などを展示。ハイカーたちの憩いの場としても利用されている。

☎0798・72・0037⌚9:00〜17:00
休なし(年末年始あり)
¥入館無料

↪甲山に自生する植物や水生生物、昆虫などを展示する館内

コース図

Goal ⛩西宮甲山高校前
← 約50分
3 甲山山頂
← 約20分
2 甲山自然学習館
← 約20分
1 甲山森林公園
← 約45分
Start ㊙仁川駅

独特の山容で西宮のシンボル山として親しまれる甲山は、初心者に人気のハイキングコース。標高も309mと低く、阪急仁川駅から山頂まで90分ほど。途中の森林公園内には自販機やトイレなどもあり、公園散策の延長感覚で登頂できる。神呪寺経由で下山して少し歩いた高山にはカフェもあり、ランチやスイーツを楽しむのもおすすめ。

↪阪神競馬場の最寄り駅でもある仁川駅。競馬開催日は混雑するので注意しよう

気軽に
ハイキング!

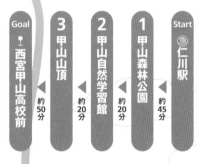

仁川駅 ●ローソン

阪急今津線

Start　10:00

㊙仁川駅

ここまでのアクセス

㊙大阪梅田駅より神戸線特急で約12分、西宮北口駅で今津線に乗り換え約5分 ¥280

扉を開けて
甲山森林公園へ

展望台

仁川百合野町
地すべり資料館

高台

仁川

上ケ原浄水場

↪地すべり資料館裏の高台からの景色も◎。高台精の階段を上って、甲山森林公園へ

お手軽登山でこの絶景！
阪神間のパノラマを望もう

↑展望台からは大阪湾、伊丹空港に発着する飛行機なども望める。緑いっぱいの自然を感じられ、すがすがしい気分になれる！

↑階段が整備された軽登山道が現れると山頂まであとわずかだ

→標高309.4mの甲山の山頂に到着！ひと休みして下山しよう

3 甲山山頂 12:00

西宮を代表する山の頂上へ

その昔、軍神・神功皇后が甲を埋めたと伝えられる、西宮を代表する山。甲山自然学習館から20分ほどで山頂に到着する。山頂には開けた広場がある。

↑甲山自然学習館から少し山道が続く。ゆっくり登ろう

14:30
Goal
📍**西宮甲山高校前**
帰りのアクセス

阪急バス西宮北口(阪急夙川)行約20分→阪急夙川下車、🚃夙川駅より神戸線特急で約16分、大阪梅田駅へ→💴500

西宮甲山高🏫

西宮甲山高校前

82

鷲林寺町

←カフェ グリーン

←甲山自然学習館から甲山山頂までの登山道にある頼朝之塚。源頼朝の墓と言われる

③甲山山頂
(標高309m)

▲

頼朝之塚

②甲山自然学習館

シンボルゾーン

レストハ

①甲山森林公園

公園マップの配布、ウェルネスウォーキング、自然体験や探鳥などのイベント情報を発信

遊歩道

🏯神呪寺

北山貯水池

公園管理事務所

県立甲山森林公園前

0　　　　200m

下山後のごほうび

カフェ グリーン

甲山が目の前に広がる高台のカフェ。開放的な店内で、抜群の眺望とランチ＆スイーツを堪能しよう。夜景がきれいな夜もおすすめ。

🏠西宮市湯元町4-5
📞0798・74・7453
🕐11:00〜23:00(LOフード22:00、ドリンク22:30)困なし園68席

→パスタまたはグラタンを選べるランチ(〜15:00)、ドリンク＆デザート付き

奈良・吉野町

歩くのは 約**2時間25分**

吉野山は大峰連山の北の端から南に約8km続く尾根一帯のことを指し、「紀伊山地の霊場と参詣道」として世界遺産に登録されている。修験道の寺や源義経ゆかりの地などの史跡、名所なども多く、山の自然を楽しみながら歴史散策を楽しむのにピッタリのルートだ。

YOSHINOYAMA
吉野山
よしのやま

世界遺産の修験道を歩いて霊場の絶景と歴史ロマンを満喫

ハイキングDATA

標高	約858m
歩行距離	約7.7km
歩行時間	約2時間25分
らくらく度	楽 ─★─┼─ 難
トイレ	各施設、各所にあり
備考	ルート上には自動販売機や売店も多く、ドリンクは手に入りやすい

問い合わせ先
吉野山観光協会
☎0746・32・1007

↑↑折り返し地点の花矢倉展望台から如意輪寺までは自然に囲まれたハイキング専用道を利用 ●大和三庭園の一つ、竹林院の「群芳園」

上千本から下千本まで見渡すことができる花矢倉展望台からの絶景、秋は桜のシーズンほど人も多くなくのんびりと景色を楽しめる

1929年に開通した、現存する日本最古のロープウェイ。歴史に残る機械技術として「機械遺産」にも登録されている“空の参詣道”

本口駅
・村上義光公の墓

吉野駅
[15]

近鉄吉野線

9:20 13:30
Start & Goal
近 **吉野駅**

ここまでのアクセス
近大阪阿部野橋駅より、特急で約76分●片道¥1,690。帰路は往路を逆に近大阪阿部野橋駅へ

[37]

↓横川覚範首塚近くから如意輪寺へと続くハイキングコースは、畑などを抜けるのどかな雰囲気

ロープウェイDATA
料金片道¥450、往復¥800
☎0746・39・0010（吉野大峯ケーブル自動車株式会社）
困火〜木
（祝、桜のシーズンは運行）
※臨時運休あり。要確認

Goal		3		2		1		Start
近 吉野駅	◁ 約45分	如意輪寺	◁ 約45分	花矢倉展望台	◁ 約45分	金峯山寺	◁ 約15分（ロープウェイ含む）	近 吉野駅

修験道の聖地で散策の無事を祈願!

→蔵王堂は参拝可能。魔を破る独特な仏、秘仏本尊蔵王権現様をしっかり拝もう(特別ご開帳期間のみ)

世界遺産を丸ごと見渡せます

2 花矢倉展望台 10:40

金剛山を望む絶景スポット

「上千本」エリアの最上部、標高約600mの場所にある、吉野山を代表するビュースポット。眼下に吉野山の雄大な自然や蔵王堂、遠くには金剛山まで眺められる大パノラマが広がる。

→1185年の冬、源義経を追って戦い、佐藤忠信に討たれた横川覚範の首塚

→木々におおわれ、時折涼しい風が吹き抜ける展望台。ベンチや自動販売機もあり休憩にも最適!

→大峯山寺の護持院の一つである「竹林院」。宿坊としても人気が高い
☎0746・32・8081

1 金峯山寺 9:35

巨大木造建築に圧倒される

修験道の総本山。吉野山のシンボルで、世界遺産にも登録。国宝・蔵王堂には重要文化財の秘仏本尊、蔵王権現像3体が祀(まつ)られている。

☎0746・32・8371
⏰8:00〜16:00

→高さ約34mで檜皮ぶき、東大寺大仏殿に次ぐ規模の木造古建築。秘仏本尊は、毎年一定期間公開

吉野水分神社
横川覚範首塚

2 花矢倉展望台

吉水院宗信墓

竹林院からは「猿引坂」と呼ばれる、舗装されたかなり急な上り坂が100mほど続く

竹林院 卍

大日寺 卍

東南院 卍

吉水神社
吉野温泉元湯

1 金峯山寺

柿の葉すしたつみ

辰巳屋

吉野山駅
吉野山ロープウェイ

吉野山駅から金峯山寺周辺までの街道は、飲食店やおみやげ店などが最も多く集まっている

3 如意輪寺

如意輪寺から近鉄吉野駅までは約2km。如意輪寺のトイレは宝物殿・庭園拝観者用(有料)と駐車場の2か所

山と川にはさまれた広めの道。如意輪寺で行き止まりのため、車も通らず歩きやすい

3 如意輪寺 12:30

後醍醐天皇ゆかりの古刹

900年代初期に創建された、後醍醐天皇の勅願寺。宝物殿には重要文化財の蔵王権現立像などが陳列されている。

☎0746・32・3008 ⏰9:00〜16:00、観桜期8:00〜17:00

→楠木正行が出陣の際に詠んだ辞世の歌を矢の先で刻んだ本堂の扉など、時代を感じさせる展示物も

→不動明王が祀られている如意輪寺を参拝したあとは、山門をくぐり川沿いの散策道へ

→島崎藤村ゆかりの宿「吉野温泉 元湯」。前日、または当日に予約で日帰り入浴も。要確認
☎0746・32・3061

歩きやすい道が多くてラクチン!

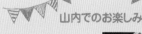

山内でのお楽しみ

柿の葉すし たつみ

木枠の型で一つずつ手押しする、昔ながらの製法で作る寿司が人気。独自の製法で塩漬けしたサバは余分な脂が落とされ、生臭さもなく旨味だけが凝縮。柿の葉の香りも鮮烈!

🏠吉野郡吉野町吉野山559-3
☎0746・32・1056
⏰10:00〜17:00
🗓不定休

→サバとサケ2つの味が楽しめる鮭のコンビ1合折(7個入り)

ケーブルカーで
らくらく♪

奈良・生駒

歩くのは 約**1時間15分**

IKOMAYAMA

生駒山
いこまやま

ハイキングDATA

標高 約642m
歩行距離 約3km
歩行時間 約1時間15分
らくらく度 楽 ├─★─┼─┤ 難
トイレ ケーブル生駒山上駅、
宝山寺など
備考
⓪生駒駅周辺にコンビニ、
宝山寺参道に飲食店あり
問い合わせ先
生駒市観光協会
☎0743・74・3516

奈良と大阪の府県境にそびえる生駒山は、近鉄生駒駅前から山頂までケーブルカーで気軽に行ける人気の山。山頂から宝山寺を経由して駅前へと続くハイキングコースは森林あり、石畳あり、竹林ありと変化に富み、手付かずの自然と日本情緒を同時に楽しむことができる。小ピークもなく、全行程が下りなのもうれしい。

生駒山上遊園地から大阪方面を望む。ひときわ高くそびえるあべのハルカスや、明石海峡大橋まで眺められ、まるでジオラマのよう

Start **生駒ケーブル鳥居前駅**
約16分
1 **生駒山上遊園地**
約40分
2 **宝山寺**
約3分
3 **宝山寺参道**
約15分
Goal ⓪**生駒駅**

大阪市内から30分で行ける
表情豊かなハイキングコース

ケーブルカー DATA

料金片道 ¥500
乗車時間約12分(乗換時間含まず)
運行時間宝山寺線6:15〜23:10、
山上線9:09〜17:09。時期により変
更あり☎050・3536・3957(近鉄電車
テレフォンセンター)

宝山寺駅から生駒山上駅まではメルヘンチックな「ドレミ」(写真)と「スイート」が運行。パステル調のファンシーなデザインが印象的

↓鳥居前駅〜宝山寺駅間の車両はかわいいキャラクターの「ブル」と「ミケ」(写真はミケ)

2 宝山寺 `11:35`

商売繁盛のご利益がある寺へ

約300年前に江戸時代の僧・湛海律師（たんかいりつし）が復興させた寺院。「聖天さん」とも呼ばれ、商売繁盛などのご利益があるとされる。

☎0743・73・2006 ⏰8:00～16:30 ¥参拝無料

↑さまざまな年代に建てられた建物が境内に集まる。岩壁を背に立つ本堂には不動明王像が祀（まつ）られている

→③生駒駅と陸橋で結ばれている生駒ケーブル鳥居前駅

Start `9:00`

**生駒ケーブル
鳥居前駅**

ここまでのアクセス

㊒鶴橋駅より奈良線快速急行で約16分、㊒生駒駅より鳥居前駅まで徒歩約3分 ¥430

Goal `13:00`

㊒**生駒駅**

帰りのアクセス

㊒生駒駅より㊒鶴橋駅へ ¥430

→宝山寺の表参道。一ノ鳥居をくぐると、灯籠が並ぶ石畳の先に、生駒の町並みが現れる

↑鳥居をくぐると、道沿いの建物はほぼ一般の家へと変わる。ゴールまで階段も減り、急な下り坂が続く

石畳の道と階段が交互に現れ、ひたすら駅へと下って歩く。日陰がないから、日焼け対策は万全にしよう

山頂から下るだけのららくコース

↑ここでケーブルカーを乗り換えて生駒山上駅へ。勾配も大きくなって、見晴らしは抜群に

③ **宝山寺参道**

ここから道祖神、竹林などが見られ、少し開けた雰囲気に。道も石畳へと変わって歩きやすい

3 宝山寺参道 `12:35`

レトロな雰囲気の参道を歩こう

宝山寺から近鉄生駒駅まで約1.5km続く。道沿いには昭和の趣を残す宿が立ち並んでいるが、その多くはすでに廃業しているようで、どこかノスタルジックな雰囲気にあふれている。

←宝山寺駅周辺にはカフェや食堂、ギャラリーなども数軒あり、ハイキングで疲れた体を休めることもできる

② **宝山寺**

↑全国でも珍しいケーブルカーの踏切。ケーブルが線路の中心を動いているから注意！

1 生駒山上遊園地 `9:20`

大阪平野を見下ろす絶景の遊園地

生駒山上に広がる入園無料の遊園地。大阪平野などを望める園内にはアトラクションが約27種。

☎0743・74・2173 ⏰10:00～17:00※シーズンにより異なる ¥無料 ※営業時間、休園日は季節により変更あり。夏はナイター営業を実施

↑園内のいたる所から大パノラマが楽しめる、まさに天空の遊園地。ハイキングを忘れてつい遊んでしまいそう!?

途中道沿いに1か所だけ小さなベンチあり。ちょっと足を止め、森の空気を感じよう

信貴生駒スカイライン

生駒山上遊園地 ①

生駒山ビュー・レストラン

見晴亭

大和八大龍王龍光院卍

生駒山

龍光寺卍（標高642m）

↑遊園地を回り込むように一般道を3分ほど歩くと、左側に宝山寺へと続くハイキングコースが

大阪府民の森 ぬかた園地

旧鶴林寺卍

第二阪奈路

↓霞ヶ丘駅の踏切までは完全な山道。前半は急な下り坂もあるが、全体的に広くて快適

下山後のお楽しみ

幾世屋

名物はつきたての餅をたっぷりのあんで包み、抹茶で香りのアクセントを加えた大きなぼた餅。上品な甘さでペロリと食べられる。テイクアウトはこしあんと粒あんの2個セット。

🏠生駒市元町1-10-9 ☎0743・73・2249

⏰9:00～18:00(LO17:30)、⏰10:00～17:00(LO)

休水、祝不定休 席12席

↑抹茶などのドリンクが付いた宝'多餅（ぼたもち）セット

おちやせん

特産品や生駒市内で活躍中の企業の商品などを取りそろえた、生駒市のアンテナショップ。米やお菓子、地元で人気のスイーツなど、まだあまり知られていない生駒の逸品を見付けよう。

🏠生駒市北新町10-36 ベルテラスいこま3F

☎0743・71・6420

⏰9:30～17:00 休なし

↑生駒市が世界に誇る伝統産業や生駒市内の情報も集まっている

山上の
パワスポを巡る

奈良・生駒

歩くのは 約3時間55分

ハイキングDATA

標高	約437m
歩行距離	約6.5km
歩行時間	約3時間55分
らくらく度	楽 ★─★─★ 難

トイレ
近 服部川駅、朝護孫子寺内

備考
近 服部川駅周辺に店あり

問い合わせ先
☎ 信貴山観光iセンター
☎0745・44・9855

Goal 信貴山

5 蓬乃里
約30分

4 信貴山観光iセンター
約10分

3 信貴山朝護孫子寺
約20分

2 空鉢護法堂
約15分

1 高安山登山口
約120分

Start 近 服部川駅
約40分

毘沙門天の加護を受ける山脈

SHIGISAN
信貴山
しぎさん

生駒山系の一つにして、山の中腹に福の神、毘沙門天を祀る「朝護孫子寺」がある信貴山。大阪と奈良の県境にあり、山頂の空鉢護法堂からは大阪方面へ広がる生駒山系が眺められる。また、朝護孫子寺本堂からは、大和平野が眺望できる。しっかりと参拝して、信貴山の絶景を満喫しよう。

信貴山 朝護孫子寺の本堂からは、天理や橿原市街を見渡すことができる。山間から広がる、大和平野の町並みは絶景だ

2 空鉢護法堂

赤い鳥居

3 信貴山
朝護孫子寺

15:30

Goal
信貴山

帰りのアクセス
奈良交通バス王寺駅行約20分 ⑤
王寺駅から快速で約45分 ⑤ 大阪駅へ ¥890

4 信貴山観光iセンター

千体地蔵

柿本家

信貴山

近鉄信貴山下駅
近鉄勢野北口駅

5 蓬乃里

参拝はコチラ

↑寺の門前には巨大な張り子のトラがある。絶好の撮影ポイントだ

↑僧侶の滝行にも使われる「弁財天の滝」は、神秘的な雰囲気がある

↑大日如来を祀っている「多宝塔」。屋根や壁の紅色が印象的
↑本堂へ続く階段は左側を上ろう。階段の先には絶景が!

3 信貴山 朝護孫子寺 **12:10**

約1,400年前に聖徳太子が毘沙門天を出現させた伝説を持つ、成福院、千手院、玉蔵院から成る寺院。その時刻が寅年の寅日、寅の刻であったため、寺院のいたる所にトラを祀っている。

参拝データ

● 御本尊毘沙門天王
● 御利益成福院／商売繁盛など。千手院／運気上昇など。玉蔵院／家内安全など
● お守り毘沙門天カード御守、融通尊御守、十二支守護本尊八体仏御守など

⑦ 毘沙門天王御守
漆芸の毘沙門天のお守り。商売繁盛や開運に効果あり

2 空鉢護法堂 （くうはちごほうどう） 11:40

信貴山頂にあり、竜王を代表する難蛇竜王（なんだ）と跋難陀竜王（ばつなんだ）を本尊に祀る。願い事をかなえてくれるご利益がある。

1 高安山登山口 9:40

服部川駅周辺の住宅地を抜けるとすぐに山道へ。未舗装で急勾配の上り坂が続くので足元を確認しながら進もう。

参拝も
忘れずに！

↑↑南北に広がる生駒山地を見渡せる絶景ポイント！
←空鉢護法堂の祠（ほこら）に祀られている竜にちなみ、白蛇形のお守りや卵のお供え物がある

Start 9:00
近 服部川駅

ここまでのアクセス
Ⓙ大阪駅より鶴橋駅へ約15分、近鉄に乗り換え
Ⓢ鶴橋駅より服部川駅へ約18分 ¥550

服部川駅

服部川駅から高安山登山口までは住宅街を通る

駅から
登山口へ

近鉄信貴線

信院寺 卍

信貴山口

● 高安山登山口

休憩所

Ⓝ高安山中腹にある休憩所。未舗装登山道が続くのでこまめに休憩をとろう

Ⓢ信貴山頂にある信貴山城跡。戦国武将・松永久秀が築城した山城の跡地

高安山登山道

西信貴ケーブル

N
0　　　　500m

ケーブルで
ラクしても！

高安山
（標高487m）

信貴生駒スカイライン

高安山

→信貴山山頂の「空鉢護法堂」へと続く参道には赤い鳥居がつらなるように並ぶ

信貴山山山
（標高437.4

ショートカットもできる

西信貴ケーブル

大阪側から高安山を登るケーブル。ヘッドマークにはトラが。車両天井の一部が透明で、大阪平野を一望できる。
¥560（片道）

4 信貴山観光 iセンター 13:00

信貴山麓にあるみやげ物店。信貴山せんべいや寅に関連したグッズなど豊富なおみやげが並び、奥には軽食コーナーも。
住 生駒郡平群町信貴山2280-1
℡ 0745・44・9855
⏰ 10:00～17:00 困なし

5 蓬乃里 （よもぎのさと） 13:20

信貴山観光ホテルのそばにある食事処。落ち着いた和室でそばや豆腐料理が味わえる。窓の外には信貴山の絶景が。
住 生駒郡三郷町信貴山西2-40
℡ 0745・72・4804 ⏰ 11:00～15:00（LO14:30）
困 水（祝の場合翌日）席 30席

←3面がガラス窓なので、四季折々の景色が楽しめる

信貴生駒スカイライン

←点心
旬の料理が多数味わえる。色とりどりの料理は見た目も楽しい

山上の
パワスポを巡る

和歌山・高野町

歩くのは 約**3時間20分**

女人道ルート最大のビュースポットがろくろ峠と呼ばれる大滝口。根本大塔など壇上伽藍もここから見える

標高900m近い山上にある真言密教の聖地・高野山。15年に開創1,200年を迎えた高野山内へ、ふもとからの険しいコースをケーブルカーで登り、高野山駅からバスで向かおう。かつての参詣道・女人道や高野山最大の聖地・奥之院、その奥にあるヒーリングスポットのハイキングは、峠に森、仏閣ありと、見どころいっぱい！

KOUYASAN

高野山
こうやさん

ケーブルカーで山上都市へ
聖地を囲むルートを歩こう

ハイキングDATA

標高	約946m
歩行距離	約7.8km
歩行時間	約3時間20分
らくらく度	楽 ├─┼─┼─★─┤ 難
トイレ	ケーブル高野山駅、壇上伽藍近く、奥之院にあり
備考	ケーブル高野山駅から千手院橋東バス停までは南海りんかんバス奥の院前行きで約10分。片道￥360

問い合わせ先
高野山宿坊協会
☎0736・56・2616

❸ 苗畑

森林セラピーロード
三本杉

奥之院御廟
燈籠堂
みろく石
御廟橋
水向地蔵

❷ 奥之院参道

中の橋会館には高野山のおみやげがそろう

中の橋案内所
（中の橋会館1F）

奥の院前

Goal 13:30

奥の院前
帰りのアクセス
南海りんかんバス高野山駅前行きで約20分、高野山駅から高野山ケーブルで約5分、極楽橋駅から南海高野線でなんば駅へ／￥1,940

Goal
奥の院前

約30分

3 苗畑

約50分

2 奥之院参道

約50分

1 大滝口

約60分

Start
極楽橋駅

約60分／バス含む

800mの区間で328mもの高低差を登る高野山ケーブル。山上に近付くにつれて、車窓からは高山植物も見ることができる

ケーブルカーDATA

料金片道￥500
乗車時間約5分
運行時間高野山駅方面は6時台から1時間に2本ほど接続。難波方面最終高野山駅21:40（土日祝21:39）
☎南海テレホンセンター
☎06・6643・1005（8:30～18:30）

N22

◐昔むした地面に清水が流れる小川。森林セラピーロード沿いの森は独特の雰囲気

歩きながら
文化遺産にも
触れられます

南海高野線
極楽橋駅

高野山ケーブル

高野山駅から南海
りんかんバス奥の
院前行きに乗り、約
10分で「千手院橋
東」へ。片道￥360

🅿高野山駅
高野山駅前

稚児の滝

路線バス専用道路
（歩行者、一般車両は
通行不可）

弁天岳

↓かつての女人堂
が唯一ここに残っ
ている。ここでバス
を降りて山内に向
かう道もおすすめ

↓奥之院と並ぶ高野山
の聖地・壇上伽藍も訪
れたい。建物のスケール
に圧倒されるはず

女人堂　女人堂

卍蓮華定院
卍西室院

徳川家霊台
卍南院

高野山高⊗

480

つくも食堂
大門
西南院卍

山内のメインストリート。
千手院橋交差点付近は
交通量も多い

高野山温泉
福智院

高野町役場

金剛峯寺

大師教会
卍増上伽藍
🅿
高野山
🅿　霊宝館前
高野山霊
宝館前

金剛峯寺前
高野山大
高野山観光
情報センター

千手院橋
●高野山宿坊協会
●千手院橋東
千手院橋西

このあたりは山道。滑
りやすい場所もある
ので注意

国宝多宝塔

ろくろ峠
1 大滝口

3 苗畑 12:50

幻想的な森の中を散策

奥之院の御廟から25分ほど歩くと、苗木を育
成している場所に出る。幻想的な森の姿にし
ばし見とれよう。三本杉から奥へ向かい、木造
の小屋が見えたらそこが苗畑。

←周囲は苗木の
ため、森の中では
ここだけ光が降り
注ぐ。鮮やかな
風景が神々しい

三本杉の横に通行
止めのさくがある
ので、そのわきの細
道から苗畑への道
に入ろう

↓御廟に向かって
右側に、苗畑方面
へ向かう門がある。
ここを通って森林
セラピーロードへ

転軸山

2 奥之院参道 12:00

杉木立の中を御廟へ向かう

一の橋から弘法大師が坐す御廟まで続く奥之
院は高野山に来たら必ず訪れたい。戦国武将
の供養塔を眺めながら、石畳の道を約2km歩こ
う。巨大な杉木立を通る道は、森林浴にも最適。

←著名な戦国武
将の供養塔が参
道沿いに並ぶ奥
之院。昼間でも
涼しく感じられ
る別世界だ

↓奥之院への入口
が一の橋。ここから
御廟まで石畳を約
2km歩く

奥之院参道

景教碑
171
一の橋案内所
一の橋
地蔵院卍
卍熊谷寺

恵光院卍　明遍通
不動院　苅萱堂
高野山会館

↓大滝口女人堂跡とさ
れる広場。峠道の分岐に
なっているので、ここを
奥之院方面へ進む

円通寺卍

↓高野山の修行道
場・円通寺（拝観不
可）前を通り、案内
板を一の橋方面へ

1 大滝口 11:00

かつて女性たちがたどった尾根道

霊宝館横の道から、かつて山内に入ることが
できなかった女性たちが山内を望みながら歩
いた女人道ルートへ。少し登ると広場がある
ので休憩しよう。このあたりがコースのピーク。

↓かつて鉄塔が
あった場所が広
場に。ベンチも
あるので、先を
急がずにまずこ
こで休憩しても

女人道ルート

0　　　　　500m

🅿極楽橋駅 10:00
Start
🅿極楽橋駅
ここまでのアクセス
🅿難波駅より高野線急行
で約100分／￥930

山内でのお楽しみ

▌高野山温泉 福智院（ふくちいん）

800年近い歴史を持つ宿坊。名作庭家・
重森三玲による三様式の大庭園があ
る。伝統的な精進料理は、要予約で楽
しめる。宿泊者には、高野山で唯一の
天然温泉もある。

🏠伊都郡高野町高野山657
☎0736・56・2021
🕐12:00～14:00
🗓不定休

↑手作りの胡麻豆腐など高野
山ならではの献立を月替わりで

▌つくも食堂

高野山の正面玄関・大門近くにあり、一
釜ずつ炊き上げる釜飯が高野山名物
として知られる。山菜や鶏肉など、味わ
い深い釜飯を堪能しよう。折詰でテイ
クアウトも可能。

🏠伊都郡高野町高野山243
☎0736・56・2212
🕐10:00～16:00
🗓木（祝の場合営業）席26席

↑釜めし定食。写真はぶなしめじ
釜めし

Course 18

兵庫・姫路

歩くのは 約1時間10分

山上のパワスポを巡る

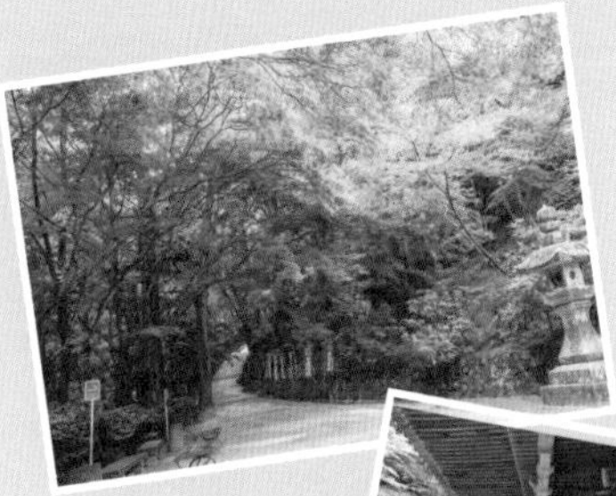

↑豊かな自然に包まれた圓教寺の参道。新緑が天然のサンシェードとなり、歩きやすい場所も多い
→西国第27番札所にもなっている摩尼殿の舞台上。緑が目前まで迫ってくる

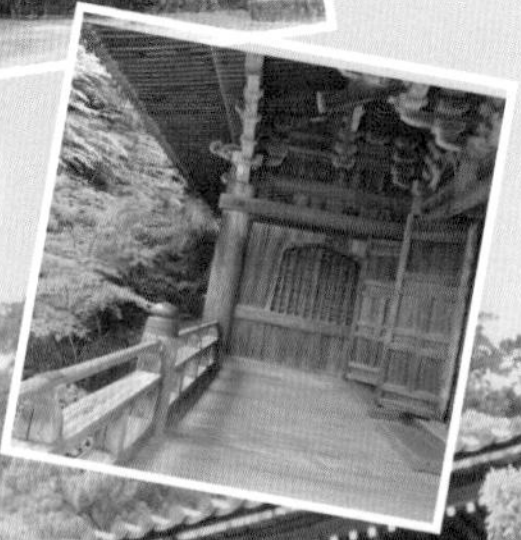

SHOSHAZAN ENGYOJI

書写山圓教寺

しょしゃざん えんぎょうじ

966年、性空上人（しょうくうしょうにん）によって開かれた「西の比叡山」とも呼ばれる天台宗3大道場の一つ。西国三十三観音霊場第27番札所で、今も参拝者が後を絶たない名寺だ。境内には重要文化財など貴重な建物が点在。標高371mの書写山山頂に広がる豊かな自然と見事に調和した伽藍を、時間をかけてのんびり散策！

1000余年の歴史を刻む 姫路を代表する山上の古刹

荘厳な造りの摩尼殿。970年に創建され、1921年に火災で全焼したが1933年に再建された。見上げるとかなりの迫力！

Start 書写山ロープウェイ山麓駅
▼ 約5分
1 志納所（書寫山圓教寺）
▼ 約10分
2 仁王門（書寫山圓教寺）
▼ 約15分
3 摩尼殿（書寫山圓教寺）
▼ 約5分
4 三之堂（書寫山圓教寺）
▼ 約35分
Goal 書写山ロープウェイ山麓駅

ハイキングDATA

標高 約371m
歩行距離 約2km
歩行時間 約1時間10分
らくらく度 楽 ─★─── 難
トイレ 各所にあり
備考
参道はきれいに整備され、全体的に歩きやすい
問い合わせ先
書寫山圓教寺
☎079・266・3327
姫路市書写山ロープウェイ
☎079・266・2006

4 三之堂（書寫山圓教寺） 12:15

貴重な重要文化財がそろい踏み

お経の講義や論議が行われる学問と修行の場の「大講堂」、修行僧の寝食の場「食堂」、常行三昧（阿弥陀仏の名を唱えながら本尊を回る修行）の道場「常行堂」の3つのお堂がコの字型に並ぶ。威風堂々としたその風景は圧巻！

↑大講堂、食堂、常行堂と、重要文化財に指定されている3つのお堂が荘厳な甍（いらか）を競い合う。圓教寺で最も人気がある風景

→三つ棟造の仁王門は兵庫県指定文化財、仁王像は、姫路市指定文化財になっている

↑↑約10分の気軽な「花びら写経」や本格的な「般若心経」なども体験できる。常行堂では無料の座禅体験も可
↑仏の声とされる音を鳴らす慈悲（こころ）の鐘

地図

④三之堂（書寫山圓教寺）

③摩尼殿（書寫山圓教寺）

書寫山（標高371m）

仙岳院卍

展望公園・卍
十地院

瑞光院卍
奥の院道
宿坊圓教寺会館
妙光院卍

はづき茶屋
圓教寺
本坊寺務所
十妙院卍
喜雲院卍

↓書寫山山頂へ約4分で運んでくれるロープウェイ
往復￥1,000
※24年4月から往復￥1,200

② 仁王門（書寫山圓教寺）

① 志納所（書寫山圓教寺）

慈悲の鐘

ロープウェイ
山上駅

書寫山ロープウェイ

西坂

新参道
東坂

夢前川

書寫の里・美術工芸館

67

11:00　13:50

Start & Goal

書写山ロープウェイ山麓駅

ここまでのアクセス
②大阪駅より新快速で約60分で姫路駅へ、神姫バス書写山ロープウェイ行きで約30分
￥片道￥1,800

山陽自動車道

光明寺卍

0　200m

如意輪寺卍

東洋大附姫路高

●山麓駅
書寫山ロープウェイ
東坂露天満宮

646

---

2 仁王門（書寫山圓教寺） 11:15

日本の伝統的な形式の山門

圓教寺の正門。江戸時代初期の建物で両わきに仁王像が立つ。門の正面に向かい、右側が口を開いた「阿」像、左側が「吽」像。一対で「あ・うんの呼吸」を作り聖域の守りとなる。ここを通り抜けると圓教寺の境内だ。

---

3 摩尼殿（書寫山圓教寺） 11:30

凜とした雰囲気が新鮮

荘厳な懸造の本堂は圧巻

マニとは梵語の如意宝珠のこと。970年に創建。上人が根のある生木に観音像を刻んだことで、岩山の中腹に立つ懸造になったと言われる建物。永らく安置されていた国指定重要文化財の「四天王像」は23年7月に本来安置されていた大講堂に戻った。詳細はHPを確認。

住姫路市書写2968
☎079・266・3327（本坊寺務所）
⑨9:00～16:00休不定休席20席

---

1 志納所（書寫山圓教寺） 11:05

山上の境内で貴重な文化財巡り

ロープウェイで約4分の空中散歩を終えて山上駅に降り、ここで志納金を納める。ここから摩尼殿まで約1kmの書寫山散策開始。境内には自然が楽しめる遊歩道も多い。凜とした空気が漂う修行の地を歩こう。

住姫路市書写2968院入山時間8:30～17:00（ロープウェイの運行時間、季節により延長あり）休閉山日はなし

↑志納所から摩尼殿まではバスも運行
※別途特別志納金が必要

↑長い石段を上った場所に建てられているため、廻縁に立つとかなりの高さに感じられる

茶屋でちょっと休憩

はづき茶屋

摩尼殿のたもと、昔の湯屋跡に位置する茶屋。定食やうどんなどの食事のほか、名物の甘酒などのメニューもそろうので、昼食や休憩に便利。姫路みやげもあり。

住姫路市書写2968
☎079・266・3327（本坊寺務所）
⑨9:00～16:00休不定休席20席

→弁慶の「力餅」。焼きたてが美味！

←テーブル席のほかに、ゆったりとくつろげる座敷席や屋外の茶席もある

→山道歩きの疲れを癒してくれるダシの効いた山菜そばが人気

Course 19

兵庫・神戸

歩くのは 約**3時間30分**

ROKKO SANJYO

六甲山上

ろっこうさんじょう

歩き重視のハイキング

ハイキングコースとして評判の六甲山上には、展望スポットをはじめ植物園など多くの観光施設が点在する。そんな六甲山の人気スポットを周遊するのがこのルート。登頂＆下山には六甲ケーブルを利用。近畿自然歩道やノースロードなど森林ハイキングを楽しみながら周遊しよう。途中バスなどをうまく利用すればさらに楽ちんだ。

◆六甲山の玄関口「六甲ケーブル下駅」。クラシックなスタイルの車両が魅力

六甲山スノーパーク
（冬季のみ）

六甲有馬ロープウェー

六甲山頂駅

0 200m

六甲山アスレチックパーク GREENIA

16 六甲ガーデンテラス

六甲おみやげ館

自然体感展望台 六甲枝垂れ

近畿自然歩道

みよし観音

❷**六甲高山植物園**

サンライズドライブウェイからみし観音方面へ。自然豊かな近畿自然歩道を歩こう

ライズドライブウェ

天狗岩

Goal	6	5	4	3	2	1	Start
六甲ケーブル下駅	天覧台	三国池	ダイヤモンドポイント	六甲山記念碑台	六甲高山植物園	自然体感展望台 六甲枝垂れ	六甲ケーブル下駅

約10分（ケーブルカー含む） ◀ 約45分 ◀ 約20分 ◀ 約40分 ◀ 約30分 ◀ 約15分 ◀ 約70分（ケーブルカー含む）

◀高山の岩場の風景を模したロックガーデンなど園内を散策◀日本を代表する高山植物の女王のコクマサ。6月ごろに開花

11:00

2 六甲高山植物園

季節の花が咲き乱れる

1933年に開園した歴史ある高山植物園。海抜865mにある園内では六甲山自生植物から世界の高山植物、寒冷地植物まで約1,500種の植物が栽培されている。

☎078・891・1247／🕙10:00〜17:00（最終受付16:30）休不定休（詳細はHPを確認）※冬季休園あり

ハイキングDATA

標高	約880m（六甲ガーデンテラス）
歩行距離	約14km
歩行時間	約3時間30分
らくらく度	楽 ├──★─┤ 難
トイレ	六甲ガーデンテラス、記念碑台などにあり
備考	なし

問い合わせ先
ショップ737 六甲遊山案内処
☎078・891・0035（10:00〜12:00、13:00〜17:00）

六甲山の人気眺望エリアで
アートと絶景のコラボを堪能！

六甲ガーデンテラス内で最も高い場所にある展望台。春・夏・秋の期間限定で行う「Lightscape in Rokko しょくぶつのあかり」では、展望台が光に包まれ、幻想的に

10:00

1 自然体感展望台 六甲枝垂れ

阪神間を眺める展望台

六甲山上に立つ大きな樹がコンセプトの人気展望台。枝垂れをイメージしたヒノキのフレーム越しに阪神間の町並みや六甲山系の景色を満喫できる。

☎078・894・2281（六甲ガーデンテラス）／🕙10:00〜21:00（最終受付20:30）※季節などで異なる休木

↑大樹の下にいるような展望台の中。心地よいヒノキの香りに包まれ、フレーム越しに360度のパノラマが！

絶景が
目の前に！

↖標高約796mの山上にある
展望広場からの景色。神戸の
市街地方面の景色が広がる

3 **六甲山** `12:00`
記念碑台

神戸市街の展望が開ける

六甲山開発の父、A.H.グルームの
碑がある展望広場。場内には六甲
山ビジターセンターや六甲山ガイ
ドハウスもある。

4 **ダイヤモンド** `12:50`
ポイント

北側の景色はここから

六甲山記念碑台からノースロード
を進むと到着する展望広場。北神戸
など六甲山北側の景色が一望でき
る。ほかの展望台と違い人も少なく
静かに景色が楽しめる場所だ。

ROKKO森の音ミュ
ージアム駐車場内
から遊歩道を「ヴォ
ーリズ六甲山荘」方

駐車場奥の案内
板を「ダイヤモン
ドポイント」方面へ

❹ダイヤモンド
ポイント

↖丁字ヶ辻から
六甲ケーブル山上
駅まで六甲摩耶ス
カイシャトルバス
（片道￥200）利用も

❸六甲山記念碑台

❻天覧台

↑六甲山記念碑台からダイ
ヤモンドポイントを目指し
てノースロードを

自然が
いっぱい！

ケーブルカーでショートカット

↑伝統的なフェスティ
バルカラーの1号車
クラシックタイプ
→車内からは眼下に
広がる景色が見える

六甲ケーブル

1932年に開業した、歴史あるケーブルカ
ー。3代目となる、クラシック＆レトロの
2種の車両が、六甲山上までの約1.7kmを
約10分で結んでいる。

5 **三国池** `13:20`

静かな池のそばでひと休み

A.H.グルームが最初に別荘を建て
た地にある池。六甲山の観光エリ
アから少し離れているので、とても
静かな雰囲気。晴天で風がない日
など水面に映る木々の影がきれい。

←三国池の周辺にはベンチもあり、
池の景色を楽しみながら、のんび
りと休憩できる

↙日本新三大夜景都市に認定され
たこともある「1,000万ドルの夜景」。
神戸空港など特色ある街並みがよ
くわかる

ケーブルカー DATA

料金片道￥600、往復￥1,100
運行時間7:10～21:00※8:00～20:40は
毎時00、20、40分発☎078・861・5288
（六甲ケーブル下駅、9:00～17:30）

❺三国池

6 **天覧台** `14:15`

最後は絶景を満喫して

六甲ケーブル六甲山上駅に隣接す
る六甲山の展望スポット「天覧台」。
神戸はもちろん、大阪から和歌山
方面まではるかに広がる絶景が一
望できる。

☎078・891・0222（六甲ケーブル
山上駅）⏰7:10～21:00※季節など
で異なる困なし

↓天覧台からは遠く大阪や和
歌山方面まで見渡せる。眼下に
広がる雄大な風景に、山歩きの
疲れもすっかり癒やされそうだ

`8:30` `15:40`

Start & Goal
六甲ケーブル下駅

ここまでのアクセス

◎大阪梅田駅より神戸線で約
37分、六甲駅より市バス16系統
六甲ケーブル下行約16分、終点
からすぐ🚌￥540

車内からの
景色も注目！

六甲ケーブル

六甲ケーブル下駅

歩き重視の
ハイキング

4 一の鳥居 10:40

神々しい雰囲気の参道を歩く

国見城跡からこの一の鳥居までは、参道のような道が続き、スピリチュアルな雰囲気に包まれる。樹齢500年の仁王杉やブナ林など、見どころも多い。

KONGOUZAN

登山者数は日本有数！歴史を感じる山登り

金剛山
（こんごうざん）

日本有数の登山者数を誇る金剛山は、金剛葛城山系の主峰で大阪最高点としても有名。千早城を築いた楠木正成や、役行者（えんのぎょうじゃ）が修行した地など、コースの随所で歴史ロマンが感じられる。また国見城跡から参道、そしてダイヤモンドトレールは、灯籠や鳥居などが並び、どことなく神聖な気分に浸れる。樹氷が美しい冬も人気。

コース

Goal 南海バス◦金剛山ロープウェイ前	**5** 府民の森 ちはや園地	**4** 一の鳥居	**3** 夫婦杉	**2** 転法輪寺	**1** 国見城跡	**Start** 南海バス◦金剛登山口
約65分	約20分	約10分	約5分	約5分	約80分	約80分

ハイキングDATA

標高	約1,125m	歩行距離	約4.5km
歩行時間	約3時間5分	らくらく度	楽 ├──★──┤ 難
トイレ	金剛登山口、国見城跡などにある		
備考	近 河内長野駅周辺にコンビニがある		
問い合わせ先	葛木神社 ☎0721・74・0005		

←50回以上登頂した人の名前がズラリ。なかには2,000回以上も登頂したつわものがいる

1 国見城跡 10:20

ここから大阪平野を見下ろそう

大阪平野を一望する金剛山随一の絶景ポイント。摂津、河内などの国々を見渡せることが名前の由来とか。また山頂とあるが、本当の山頂は葛木神社の裏側。ただし立入禁止。

金剛山の水を使ったグルメを!

金剛山山頂売店

国見城跡近く、金剛山の山頂にある唯一の売店。店内には食事スペースもあり、週末はきつねうどん(写真)やたぬきそばなどの軽食が味わえる。山頂で食べるうどんやそばは格別な味。

[住] 南河内郡千早赤阪村金剛山山頂
[電] 0721·74·0005
[時] 9:30〜14:30。(土)(日)(祝)8:00〜15:30
[休] (金)(祝の場合営業) [席] 74席

2 転法輪寺 10:25

役行者ゆかりのパワースポット

修験道の開祖の役行者が開いたとされる国見城跡側の古刹。境内には役行者が修行したとされる岩屋文殊などのパワースポットも満載。朱色の灯籠の間を抜けて、伏見峠側を目指そう。

5 府民の森 ちはや園地 11:00

自然公園でひと休み

伏見峠側の自然公園。芝生が広がり、ここでの弁当もおすすめ。向かいには無料のちはや園地休憩所もあり。

[時] 10:00〜16:30※季節、曜日で異なる
[電] 0721·74·0056
[休] (火)(祝の場合翌日)

景色が
いいね

金剛山山頂売店

① 国見城跡　② 転法輪寺
山頂広場

金剛山
(標高1,125m)

朝買って
山でパクリ

➡「山の豆腐」の
おからクッキー
1777年創業の豆腐の老舗。おからを使ったクッキーは、ハイキングのお供に最適。
[住] 南河内郡千早赤阪村千早950
[電] 0721·74·0015
[時] 9:00〜17:00 [休] 不定休

⬆金剛登山口の入口の湧き水。ここでペットボトルなどに水を入れて登山を始める人も多い

九合目の分かれ道

③ 夫婦杉

④ 一の鳥居

金剛登山口
金剛山登山口

山の豆腐

千早城跡

千早簡易郵便局〒

楠木正儀の墓　石仏
千早本道

千早神社

➡多くの登山ルートがあるなかで、最もメジャーな千早本道。高く伸びるスギが気持ちいい

9:00
Start
南海バス🚏金剛登山口

ここまでのアクセス
(南)高野線難波駅より急行で約31分、河内長野駅より南海バス金剛山ロープウェイ前行約28分
🚏金剛山登山口下車。[¥] 1,090

・ウッディハート

⑤ 府民の森 ちはや園地・

ちはや星と自然のミュージアム

念仏坂

・千早川マス釣場

706

神秘的な
景色が!

金剛山ロープウェイ前

もうすぐ
ゴール!

⬆登山口から国見城跡までの千早本道には石仏が点在。ウルトラマンとバルタン星人の石仏も

3 夫婦杉 10:30

カップルに人気の巨大なスギの木

転法輪寺境内からダイヤモンドトレールを5分ほど歩いた道沿いに現れるこの巨大なスギは、カップルに好評のスポット。根元の石碑には理想的な夫婦になれるありがたい言葉が。

12:45
Goal
南海バス
🚏金剛山
ロープウェイ前

帰りのアクセス
南海バス河内長野駅前行約40分、(南)河内長野駅より急行で約31分、難波駅へ。[¥] 1,140

⬆千早本道九合目の分かれ道。右は近道だが階段が多い。左は遠回りだが坂が緩やか

夫婦杉

5 再度公園 12:30

大きな池が広がる公園
標高約470mの再度山山上に広がる約51万5,000㎡の公園。修法ヶ原池を中心に広がり、シーズン中はバーベキュースポットとしても人気。隣接する神戸市立外国人墓地と共に国の名勝にも指定される。

歩き重視のハイキング

Course 21

兵庫・神戸

歩くのは **約3時間50分**

水面に映る緑がきれい

神戸の異人たちにも愛された
再度山の池のほとりで森林浴

↑再度公園内の修法ヶ原池。池の周囲には遊歩道やベンチなども完備。桜のシーズンなどはバーベキュー客でにぎわっている

FUTATABISAN

再度山
（ふたたびさん）

Goal
㊇西 **新新神戸駅**

約20分（ロープウェイ含む）

6 神戸布引ハーブ園

約60分

5 再度公園

約40分

4 大龍寺

約5分

3 善助茶屋跡

約20分

2 猩々池

約60分

1 諏訪山公園

約25分

Start
Ｊ **元町駅**

↑神戸布引ハーブ園への道は、途中険しい場所もあるので注意しよう

ロープウェイで楽ちん！

ハイキングDATA
標高	約470m
歩行距離	約7km
歩行時間	約3時間50分
らくらく度	楽 ├─┼─★─┤ 難
トイレ	諏訪山公園、山頂（再度公園）、市ヶ原、ハーブ園などにあり
備考	燈籠茶屋、ハーブ園に飲食店あり
問い合わせ先	なし

六甲山系の再度山は、神戸の人々に最も親しまれる山。朝夕に身近な山へ登る「毎日登山発祥の地」としても知られる。山上の再度公園までは、大龍寺の参詣道として栄えた大師道を通って2時間半ほど。初心者でも登りやすいコースだ。帰りは神戸布引ハーブ園からロープウェイでいっきに下山。園内やゴンドラからの絶景もお楽しみ。

登山途中のごほうび

←華やかに盛り付けられた前菜スタンド、メイン料理、パンがセットに

🍴 **ザ・ハーブダイニング**
四季折々の情景が美しい神戸布引ハーブ園のレストラン。色鮮やかなハーブガーデンをイメージした前菜やメイン料理で至福のひと時を！
🏠神戸市中央区北野町1-4-3 神戸布引ハーブ園内
☎078-271-1160（神戸布引ハーブ園）
🕐11:00～15:00(LO14:00) 困ハーブ園に準ずる 席100席

⑤再度公園
摩耶山、新神戸駅方面へ、トンネルを抜ける
修法ヶ原池
再度山山頂
（標高470m）
④大龍寺
③善助茶屋跡
公園でひと休み
②猩々池
眺望が抜群！
再度川
燈籠茶屋
車道を横断するので注意。再度山方面へ
諏訪山（標高151m）
ビーナスブリッジ
稲荷神社
神戸山手女子高
金星台
①諏訪山公園
神戸山手大
デイリーヤマザキ
相楽園
兵庫県庁
県庁前
兵庫県公館
神戸生田中
元町駅
ローソン
阪神神戸高速線
鯉川筋
阪急神戸高速線
阪神本線
地下鉄海岸線
三宮センター街
神戸三宮
いくたロード
三宮
東門街
北野坂
地下鉄西神・山手線
神戸布引ハーブ園方面へ
市ヶ原
ハーブ園山頂駅
世継山
ザ・ハーブダイニング
⑥神戸布引ハーブ園
北神急行
風の丘中間
布引貯水池
五本松ダム
神戸布引ロープウェイ
布引の滝
布引公園
新神戸
山陽新幹線
ANAクラウンプラザホテル神戸
新神戸駅
ハーブ園山麓駅
もうひと踏ん張り！
貿易センター
東遊園地
フラワーロード
神戸新交通
200m

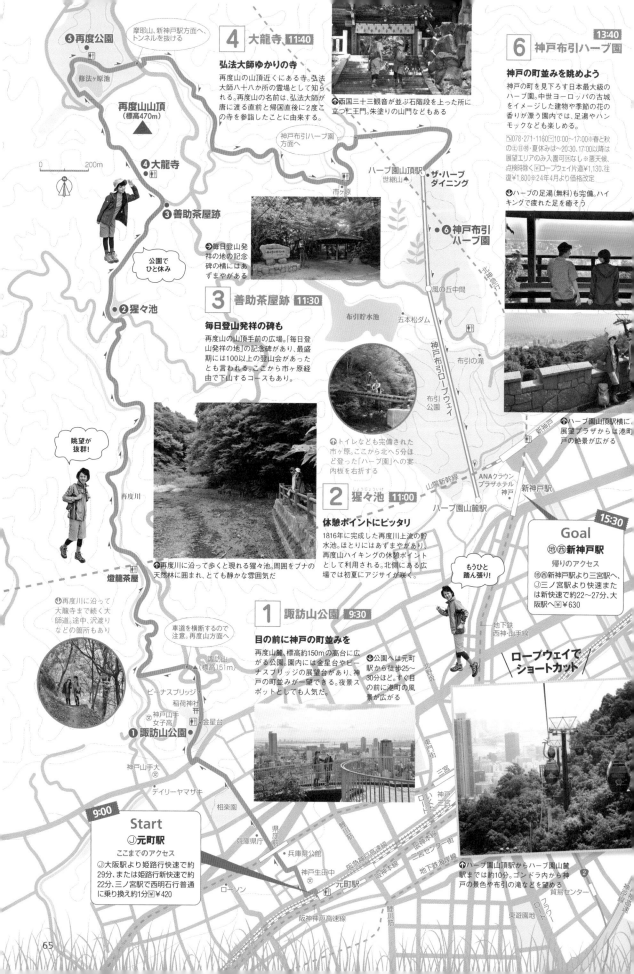

4 大龍寺 11:40

弘法大師ゆかりの寺

再度山の山頂近くにある寺。弘法大師八十八か所の霊場として知られる。再度山の名前は、弘法大師が唐に渡る直前と帰国直後に2度この寺を参詣したことに由来する。

↑西国三十三観音が並ぶ石階段を上った所に立つ仁王門。朱塗りの山門などもある

6 神戸布引ハーブ園 13:40

神戸の町並みを眺めよう

神戸の町を見下ろす日本最大級のハーブ園。中世ヨーロッパの古城をイメージした建物や季節の花の香りが漂う園内では、足湯やハンモックなども楽しめる。

☎078・271・1160 ⏰10:00～17:00※春と秋の土日祝・夏休みは～20:30、17:00以降は展望エリアのみ入園可 休なし※悪天候、点検時除く ¥ロープウェイ片道¥1,130、往復¥1,800※24年4月より価格改定

↓ハーブの足湯（無料）も完備。ハイキングで疲れた足を癒そう

↑ハーブ園山頂駅横に、展望プラザからは港町神戸の絶景が広がる

→毎日登山発祥の地の記念碑の横にはあずまやがある

3 善助茶屋跡 11:30

毎日登山発祥の碑も

再度山の山頂手前の広場。「毎日登山発祥の地」の記念碑があり、最盛期には100以上の登山会があったとも言われる。ここから市ヶ原経由で下山するコースもあり。

↑トイレなども完備された市ヶ原。ここから北へ5分ほど登った「ハーブ園」への案内板を右折する

↑再度川に沿って歩くと現れる猩々池。周囲をブナの天然林に囲まれ、とても静かな雰囲気だ

2 猩々池 11:00

休憩ポイントにピッタリ

1816年に完成した再度川上流の貯水池。ほとりにはあずまやがあり、再度山ハイキングの休憩ポイントとして利用される。北側にある広場では初夏にアジサイが咲く。

Goal 15:30

地西新神戸駅

帰りのアクセス

地西新神戸駅より三宮駅へ、JR三ノ宮駅より快速または新快速で約22～27分、大阪駅へ¥630

↓再度川に沿って大龍寺まで続く大師道。途中、沢渡りなどの箇所もあり

1 諏訪山公園 9:30

目の前に神戸の町並みを

再度山麓、標高約150mの高台に広がる公園。園内には金星台やビーナスブリッジの展望台があり、神戸の町並みが一望できる。夜景スポットとしても人気だ。

↓公園へは元町駅から徒歩25～30分ほど。すぐ目の前に港町の風景が広がる

ロープウェイでショートカット

↑ハーブ園山頂駅からハーブ園山麓駅までは約10分。ゴンドラ内から神戸の景色や布引の滝などを望める

Start 9:00

JR元町駅

ここまでのアクセス

JR大阪駅より姫路行快速で約29分、または姫路行新快速で約22分、三ノ宮駅で西明石行普通に乗り換え約1分¥420

町さんぽと一緒に楽しむ

Course 22

兵庫・朝来

歩くのは 約1時間30分

TAKEDAJYOATO

竹田城跡（たけだじょうあと）

石垣が生み出す神秘の絶景 〝日本のマチュピチュ〟を散策

1 竹田城跡 11:00

標高約353mの「天空の城」

山頂に南北約400m、東西約100mに広がる竹田城跡。天守台から望む絶景は、南米のマチュピチュを思わせる。360度の大パノラマで、四季折々の美しい自然を体感しよう。

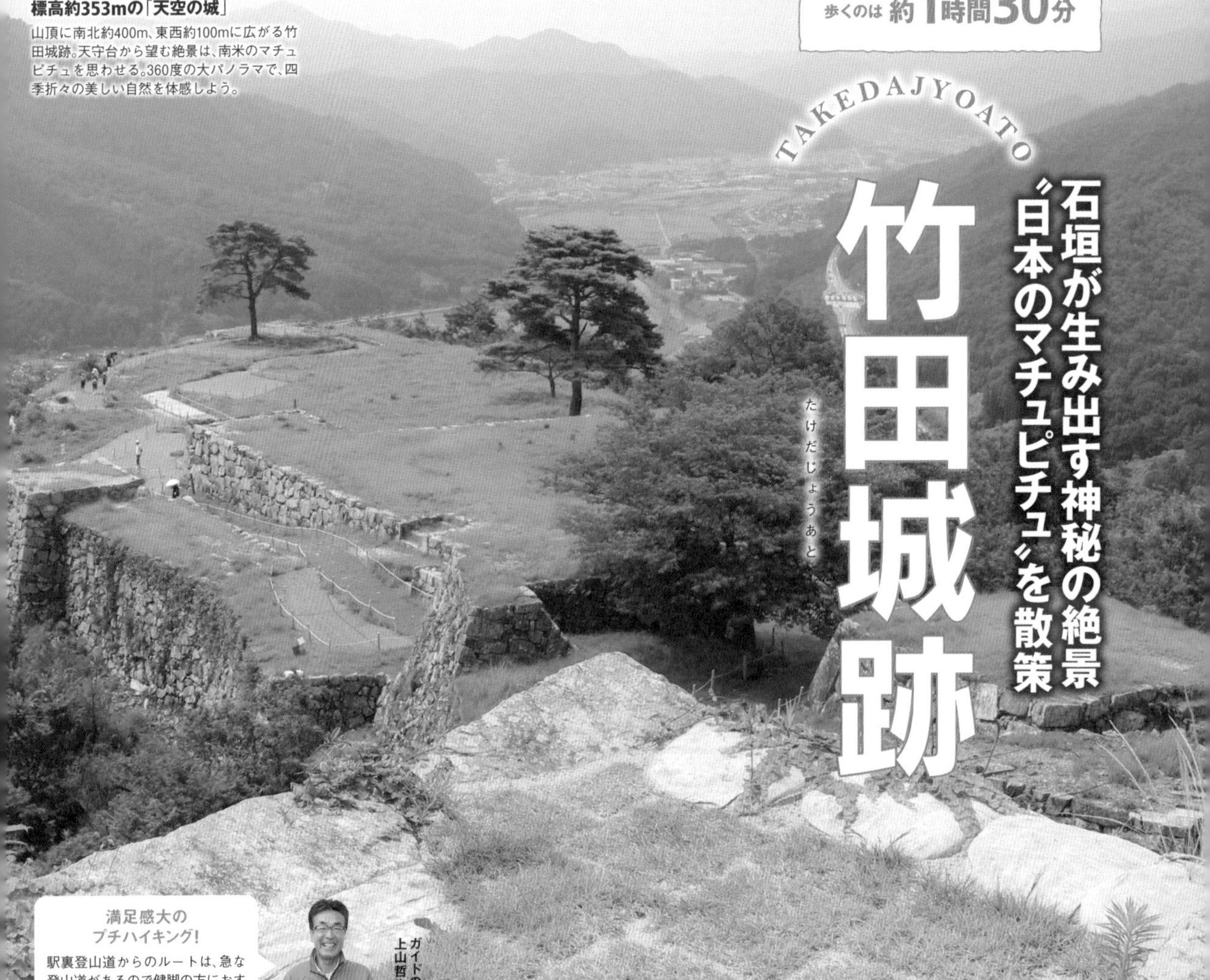

満足感大のプチハイキング！

駅裏登山道からのルートは、急な登山道があるので健脚の方におすすめ。途中にあずまやがあるので、休憩しながら歩いてください

ガイドの上山哲生さん

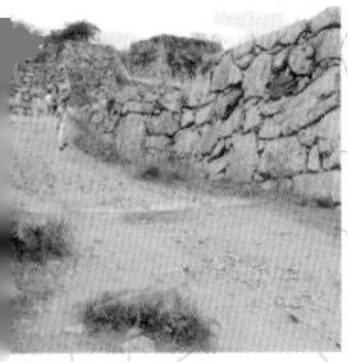

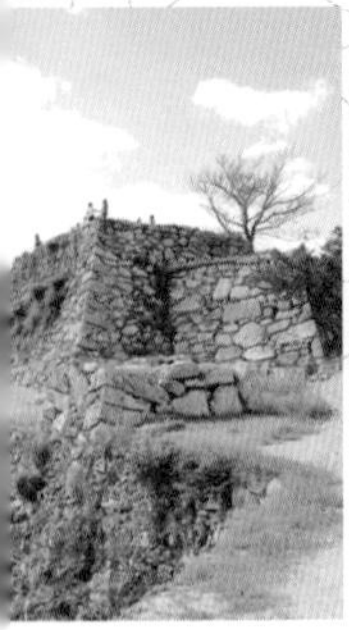

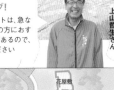

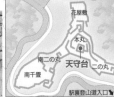

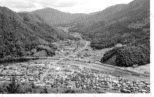

⬆竹田城跡から見下ろすふもとの城下町。流れる円山川もお散歩スポット。秋には紅葉が美しい ⬉正門を抜けていよいよ城郭へと到着 ⬅全国屈指の山城と評される竹田城跡は、穴太積みと呼ばれる大小さまざまな石を積み上げた石垣も見どころ

竹田城とは？

遠くから見ると虎が伏せているように見え、別名・虎臥城（とらふすじょう）とも呼ばれる。室町時代後期に但馬の守護大名・山名宗全が基礎を築き、安土桃山時代に現存する石垣の竹田城が完成したとされる。

ハイキングDATA

標高 353.7m　**歩行距離** 約2km
歩行時間 約1時間30分
らくらく度 楽 ┼┼┼★┼ 難
トイレ 収受棟にあり（城跡内にはなし）　**備考** 情報館に売店あり
問い合わせ先
情報館「天空の城」☎079・674・2120
¥入場料¥500、中学生以下無料

Start Ⓙ竹田駅 ◀ 約45分 ◀ 1 竹田城跡 ◀ 約45分 ◀ Goal Ⓙ竹田駅

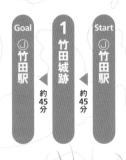

標高約353.7mとなる古城山の山頂に広がる竹田城跡は「日本100名城」の一つ。JR竹田駅から駅裏登山道を使うと、45分ほどで登城できる人気ハイキングコースだ。築城から400年以上たった今も当時の石垣が存在しており、城内から見る景色は圧巻。その美しさは〝日本のマチュピチュ〟や〝天空の城〟と例えられる。さらに、10・11月の早朝などは雲海を見ることができるかも。

登山のあとは城下町を散策♪

JR竹田駅周辺は、ゆったりとした時間が流れる城下町。当時のおもかげを残す建物も点在しているので、旅の思い出に立ち寄ってみよう！

表米神社

格技を好んだと言われる表米宿彌命（ひょうまいすくねのみこと）を祀る。境内には非常に珍しい石造りの「相撲桟敷」（相撲の観客席）があり、県指定有形民俗文化財に登録されている。

←かつて武家屋敷があったと伝えられる竹田寺町通り

←竹田の町を守っている、殿町地蔵堂の建物

←風情ある町並みを歩いてみると、伝統的な商家の建物が多く目にとまる

↑日本海に高気圧があり、朝と日中で気温差がある晴れた日は、明け方から8:00ごろまで雲海が広がる
※写真提供＝吉田利栄

雲海に感動！

バスでラクラク

▥▥は徒歩の場合 約2時間
天空バスの場合 約20分

山城の郷

0 ——— 200m

→Ｊ竹田駅の裏側にある駅裏登山道の登山口。竹田城跡まで、900mほどのハイキング

竹田城跡を巡るのに40分ほど必要

❶竹田城跡
料金収受所

駅裏登山道

竹田駅
登山口

竹田城跡

卍
表米神社

殿町地蔵堂

おみやげも買おう！

景色がいい！

出発だ！

10:00　12:30

Start & Goal
Ｊ竹田駅

ここまでのアクセス

Ｊ大阪駅より姫路、寺前を経由して和田山方面へ、約3時間
￥片道¥2,640

↑駅構内に観光案内所も。Ｊ竹田駅から竹田城跡バス停まで天空バス利用約20分、バス下車後城跡まで徒歩20分

**原始林が広がる
古都のシンボルを歩く**

WAKAKUSAYAMA

若草山
わかくさやま

標高498m、総面積約250万㎡もの広さを誇る春日原始林。常緑広葉樹、シダ植物など800種あまりの多種多様な植物社会が形成される

長年積極的に樹木の保護がなされてきたため、原始林内には多くの巨木が残る

春日山原始林内を歩く春日山遊歩道。途中には橋や休憩所など見どころも多い

神の使いとされる奈良のシカ。国の天然記念物にも指定されている

ハイキングDATA

標高	約342m	歩行距離 約4.8km
歩行時間	約1時間30分	
らくらく度	楽 ★━━━ 難	
トイレ	若草山南ゲートなどにあり	
備考	緩やかな山道が続く、ハイキング初心者向けのコース	

問い合わせ先
奈良公園事務所（8:30〜17:15）
0742・22・0375
※若草山の入山には入山料¥150が必要

Goal ●春日大社本殿
◄ 約15分
5 5月日亭休憩舎
◄ 約15分
4 中水谷休憩舎
◄ 約10分
3 春日山遊歩道（入口）
◄ 約5分
2 若草山山頂
◄ 約40分
1 若草山南ゲート
◄ 約5分
Start ●春日大社本殿

古都・奈良のシンボルとして親しまれる若草山。3月第3土曜から12月の第2日曜までが開山期間で、山頂までハイキングを楽しめる。山頂からは春日山遊歩道で下山。大パノラマな眺望と原始林が美しい山を歩こう。

1 若草山 南ゲート `10:00`

若草山ハイキングの入口

2か所ある若草山への入山ゲートの一つ。3月の第3土曜から12月の第2日曜の開山期間はここで入山料¥150を払って若草山へ。⊠9:00～17:00

↑山頂までトイレがないので、入山前にゲート横のトイレで済ませよう

2 若草山山頂 `11:00`

展望台から古都の大パノラマ

三重目と呼ばれる標高342mの若草山の山頂。奈良の町並みが広がる古都随一の絶景ポイント。シカと絶景が同時に楽しめるのも若草山ならでは。

↑山頂には展望台もあり、大パノラマな古都の町並みが一望できる。夜景＆夕景スポットとしても人気

↑シカが戯れる若草山の山頂。撮影の際はシカを驚かさないようにゆっくりと動こう

3 春日山 遊歩道（入口） `11:30`

原始林の中をハイキング♪

世界文化遺産の春日山原始林が広がる春日山にあるハイキングコース。手付かずの自然が残り、神秘的な雰囲気が漂う。遊歩道以外は立入禁止区域。

↑春日山入口の鎌研交番からふもとまで約2.3kmの北側遊歩道へ

地図内注記

⬅標高270mの場所にある若草山の一重目。東大寺や五重塔などが見える

② 若草山山頂 （標高342m）▲
山頂ゲート　一展望台　P　●鎌研交番
　　　　　　　出逢いの三叉路
③ 春日山遊歩道（入口）

←2本のカエデが絡み合い根元部分に洞窟状の空間が広がる
洞のモミジ

④中水谷休憩舎

奈良の町並みを眺めながら山頂まで登ろう

北ゲート
① 若草山南ゲート

⑤月日亭休憩舎

二重目
一重目
月日亭

🚉近鉄奈良駅

春日大社本殿
春日大社

春日大社カフェ・ショップ鹿音（春日大社国宝殿1F）

0　　100m

4 中水谷 休憩舎 `11:40`

小さな滝が流れる休憩所

鎌研交番から800mほど下った、標高約260mの場所にある休憩所。裏側には小さな滝があるので、水の流れ落ちる音を聞きながら、ひと休みしよう。

↑あずまや風のベンチも設置されているので、のんびりと休憩ができる

5 月日亭 休憩舎 `12:05`

下山前の最後のひと休み

料理旅館「月日亭」の目の前にある休憩所。カエデなどの広葉樹が多く、新緑に囲まれて休憩ができる。ここまで来るとゴールまで、もうひと息だ。

↑あずまやには椅子やテーブルなどもあり、ここでお弁当を広げる人も

`9:50` `12:30`
Start & Goal
🚩春日大社本殿

ここまでのアクセス
🚃大阪難波駅より奈良線快速急行約40分。🚃近鉄奈良駅より奈良交通バス春日大社本殿行約8分。⊠片道¥900

↑国宝殿前のバス停、駅から歩くと25分ほど

春日大社の境内カフェでごはん&涼スイーツ

↑テイクアウトのソフトクリームは抹茶（左）、ミルク（右）のほか、季節限定も

↑国宝殿のミュージアムショップも兼ねる店。オリジナルグッズなども販売

春日大社カフェ・ショップ鹿音

春日大社国宝殿に併設するショップ＆カフェ。春日山原始林をイメージした開放的な店内で、軽食やスイーツなどが味わえる。ショップスペースには国宝殿のミュージアムグッズも充実。

🏠奈良市春日野町160 春日大社国宝殿1F
📞0742-22-6600
🕐10:00～17:00、カフェは～16:30(LO)
🚫不定休🪑52席

ハイキングDATA

標高 約272m
歩行距離 約4.1km
歩行時間 約2時間
らくらく度 楽 ├──┼─★─┼──┤ 難
トイレ 八幡山ロープウェー山麓駅、同山頂駅、百々神社近くに各1か所
備考 八幡山ロープウェー山麓駅に売店あり
問い合わせ先
八幡山ロープウェー
☎0748・32・0303

八幡山
はちまんやま
HACHIMANYAMA

1585年、18歳にして近江43万石の領主に任ぜられ、信長亡きあとの安土城下の民を近江八幡に移し、城下町を開いた豊臣秀次。その居城、八幡山城址がある八幡山は、ルート上の展望スポットから市街地や八幡堀などが望める、小高い丘のような山だ。山頂付近までロープウェイで登れるから、コースは下りメインで安心！

自然豊かな山の上から
城下町の素朴な風景を望む

山頂駅から7分ほど歩くと西の丸展望台に、比良山系をバックにした琵琶湖と広大な田畑が広がる、湖国らしいパノラマが望める

ロープウェイDATA

料金片道¥540、往復¥950
乗車時間約4分運行時間9:00〜17:00の毎時15分間隔※混雑時は臨時運行あり☎0748・32・0303（八幡山ロープウェー）

八幡山の南東部にあり、全長543mのロープウェイ。縦走ハイキングはもちろん、八幡山城址や瑞龍寺への観光・参詣にも利用できる

↑ロープウェー山麓駅。すぐ前には利用者専用の無料駐車場も用意されている

3 水郷展望台 `11:05`

水郷の美しい風景が広がる

琵琶湖最大の内湖、西の湖や、重要文化的景観第1号にも指定された、円山・白王地区の「近江八幡の水郷」が眼下に広がる絶景ポイント。懐かしい日本の原風景を満喫できる。

←目立つ看板は立っておらず「重要文化的景観地区展望台」と書かれた標識のみ。見逃さないように注意を

2 北虎の口展望台 `10:10`

山城跡が緑あふれる展望台に

八幡山にあったと言われるもう一つの城、北之庄城の城跡にある展望台。織田信長の城としてその名を知られる安土山の安土城址、北東には伊吹山・霊仙岳・御池岳などが一望可。

←ハイキングコースの中間地点の展望スポット。看板が設置されているだけで、ベンチなど休憩施設はなし

下山後のお楽しみ

Cafe NICO

うどんDEパスタやニコライス（写真）など、滋賀県の特別栽培米や地元野菜を使ったさまざまな創作料理と、こだわりの手作りスイーツが楽しめる。焼きたてワッフルも種類豊富！

📍近江八幡市多賀町579-2
☎0748・47・7325
🕐11:00〜21:00(LO20:00)
※ランチ11:30〜14:30(LO)
休水
🪑30席

←オリジナルタコライスにワッフル、ドリンクが付くワッフルセット

グリーンホテルYes近江八幡

JR近江八幡駅から徒歩7分の好立地にあるホテルの大浴場が日帰りで利用できる。人工の炭酸カルシウム温泉は体の芯までポカポカと温まり、ハイキング疲れを癒してくれる。

📍近江八幡市中村町21-6
☎0748・32・8180
🕐日帰り入浴11:00〜19:00(最終受付)
休なし

←北海道の名湯「二股温泉」の原石を使用。タオル、バスタオルレンタル付き

`11:40`
Goal
📍ユースホステル前
帰りのアクセス
近江鉄道バスで⑨近江八幡駅へ（土・日・祝11:00〜13:00は1時間に3本あり）。⑤京都線新快速で約64分、大阪駅へ🎫¥1,940

→ユースホステル前

小ピークを越えれば、あとは杉林の中の坂道を残すのみ。少し急だから気を付けて下ろう

↑ゴール地点の百々（もも）神社。無事下山できたことを土地神様にも報告しておこう

最後の坂は急だから気を付けて

❸水郷展望台

↑ここから小ピークを越えるアップダウンが少し続く。本ルート最後の難関を乗り切ろう

←鞍部分岐点。ここをヴォーリズ記念病院方面へ下れば15分ほどでバス通りに出られる

1 西の丸展望台 `9:20`

琵琶湖畔を望む展望スポット

湖畔には小さな山「岡山」、南西には近江富士と呼ばれる「三上山」など大小さまざまな山が点在。ベンチもあり、琵琶湖や比良山系の自然美あふれる眺望をゆっくりと楽しめる。

→豊臣秀次の菩提を弔うために創建された村雲御所瑞龍寺（ずいりゅうじ）門跡🎫拝観料¥300

北之庄城址 ❷
北虎の口展望台

↑北の丸跡が八幡山縦走ハイキングコースへの入口。ゴールで返却する竹のストックもある

このあたりは視界も開けていて高低差も少なく、フラットで歩きやすい尾根道が続く

八幡山山頂(272m)
西の丸展望台❶
卍村雲御所瑞龍寺門跡

八幡山展望館•
山頂駅

↑山頂駅にある建物には、八幡山の歴史や文化などの資料が展示される展望館がある

八幡公園
市立図書館

↑八幡山城址周辺の展望スポットは「恋人の聖地サテライト」に選定。展望館前にはロマンチックなオブジェもある

`9:00`
Start
八幡山ロープウェー山麓駅
ここまでのアクセス
⑤大阪駅より新快速で約64分、近江八幡より近江鉄道バス長命寺行約25分📍八幡堀八幡山ロープウェー口から徒歩5分🎫¥1,740

山麓駅日牟禮八幡宮

→古くから近江商人の信仰を集めた日牟禮（ひむれ）八幡宮。社宝には重要文化財が多数

0 500m

町さんぽと一緒に楽しむ

Course 25

京都・左京区

歩くのは 約**2時間55分**

DAIMONJIYAMA

大文字山

だいもんじやま

下鴨神社　　京都府立植物園

4 大文字火床
12:40

京都市街を望む絶景!
山頂から約15分で火床に到着する。ここでは京都市街から愛宕山まで一望。「見晴らしのよい景色の中で食べるランチは別格だね!」

京都の夏の風物詩・五山送り火として古くから愛されてきた大文字山。程よいアップダウンと、交通の便がよさが、初心者や日帰りでのトレッキングに最適。蹴上駅をスタートし京都トレイルコースで銀閣寺方面を目指す。登山口の近辺の観光地も巡ろう。

●中尾の水

←大文字火床から小川沿いを歩くと「中尾の水」。冷たい水で喉を潤そう

卍慈照寺(銀閣寺)

銀閣寺前

中尾の水が気持ちいい!

卍法然院

13:25

Goal
♨銀閣寺前

帰りのアクセス
♨銀閣寺前から市バス32系統などで⊚京都河原町駅へ、京都線快速急行で約40分⊚大阪梅田駅へ⊠¥640

4 大文字火床

白川通

3 大文字山
12:25

京都タワーまで見晴らせる
大文字山の山頂は小さな広場になっている。京都御所や京都タワーなどの大パノラマは絶景。休憩用のベンチもある。

▲ ③ 大文字山
(標高466m)

出発!
いよいよ!

京都市街を一望♪

ハイキングDATA

標高	約466m	歩行距離	約7km
歩行時間	約2時間55分		
らくらく度	楽 ├─┼─★─┼─┤ 難		
トイレ	蹴上駅構内、銀閣寺前バス停、南禅寺横		
備考	なし		

問い合わせ先
一般社団法人 京都府山岳連盟
☎090・2355・2551

1 蹴上インクライン
10:10

自然が美しい線路跡
琵琶湖疏水を利用して淀川と琵琶湖を行き来する船の難所で、20mの高低差を克服するために造られた。春は桜のトンネルに!

① 蹴上インクライン

蹴上駅

卍南禅寺

0　　200m

N

●登山者の安全祈願のために設置されたお地蔵さんが、コースの随所に

卍安養寺

地下鉄東西線

开福土神社

2 日向大神宮

← 財布に入れて持ち歩くと効果あり!「小守 開運」(左)、「小守 縁結び」(右)

2 日向大神宮
10:40

京の"伊勢"で開運を
京の"伊勢"とも呼ばれる。パワースポットとしても人気で、裏山には開運の厄よけ「天の岩戸」もあり。

10:00

Start
地東蹴上駅

ここまでのアクセス
Ⓙ大阪駅から東海道本線新快速で約35分、Ⓙ山科駅へ。地東西線に乗り換え約6分⊠¥1,120

急な坂道は足元に注意!

Start 地東 蹴上駅

┃ すぐ

1 蹴上インクライン

┃ 約30分

2 日向大神宮

┃ 約95分

3 大文字山

┃ 約15分

4 大文字火床

┃ 約35分

Goal ♨銀閣寺前

自 然 の 中 で リ フ レ ッ シ ュ

水辺&緑の ハイキング

山を登るよりもさらに気軽に楽しめるハイキング。
水辺や森など、自然に囲まれた場所でリフレッシュを。

自然を感じる
美しい景色が
いっぱい♪

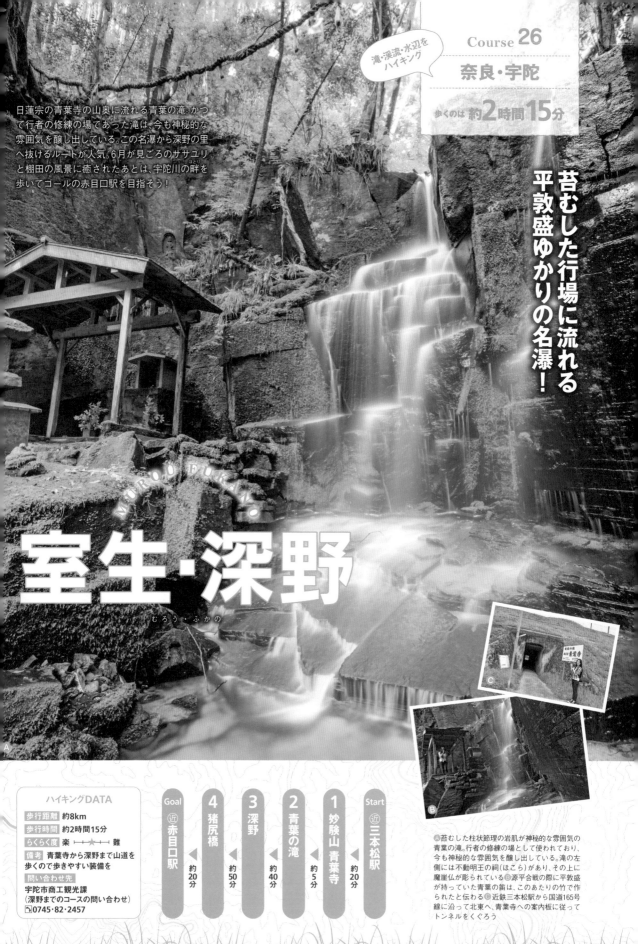

昔むした行場に流れる
平敦盛ゆかりの名瀑！

室生・深野

むろう・ふかの

日蓮宗の青葉寺の山奥に流れる青葉の滝。かつて行者の修練の場であった滝は、今も神秘的な雰囲気を醸し出している。この名瀑から深野の里へ抜けるルートが人気。6月が見ごろのササユリと棚田の風景に癒されたあとは、宇陀川の畔を歩いてゴールの赤目口駅を目指そう！

ハイキングDATA

歩行距離 約8km
歩行時間 約2時間15分
らくらく度 楽 ├─┼─★─┼─┤ 難
備考 青葉寺から深野まで山道を歩くので歩きやすい装備を
問い合わせ先
宇陀市商工観光課
（深野までのコースの問い合わせ）
☎0745・82・2457

Goal 近 赤目口駅 ◀ 約20分
4 猪尻橋 ◀ 約50分
3 深野 ◀ 約40分
2 青葉の滝 ◀ 約5分
1 妙顕山 青葉寺 ◀ 約20分
Start 近 三本松駅

Ⓐ苔むした柱状節理の岩肌が神秘的な雰囲気の青葉の滝。行者の修練の場として使われており、今も神秘的な雰囲気を醸し出している。滝の左側には不動明王の祠（ほこら）があり、その上に魔崖仏が彫られているⒷ源平合戦の際に平敦盛が持っていた青葉の笛は、このあたりの竹で作られたと伝わるⒸ近鉄三本松駅から国道165号線に沿って北東へ、青葉寺への案内板に従ってトンネルをくぐろう

74

4 猪尻橋 11:30

宇陀の沈み橋を渡ってゴールへ

宇陀川にかかる20mほどの橋。欄干などがなく、増水時には水中に沈むことから沈み橋とも呼ばれる。冒険心がちょっぴりくすぐられる橋を渡ろう。

↑欄干のない開放的な橋。増水時などは通行禁止なので注意しよう

ゴール後のお楽しみ

寿司割烹にしおか

近鉄赤目口駅の目の前にある寿司割烹。東京などで修業したご主人が握る寿司や海鮮料理が人気。お昼には5種のお得なランチがある。

↑新鮮なネタが並ぶカウンター席のほか、店内にはテーブル席＆座敷席も

🏠名張市赤目町丈六293-3
📞0595・63・0647 ⏰11:30～14:00(LO13:30)、17:00～22:30(LO22:00)
🚫水休 💺約50席

↑かば焼定食(写真)や寿司定食、海鮮丼定食のほか刺身定食など、ランチは5種あり

↩猪尻橋から畑＆田んぼの間を歩く。踏切を渡ると、ゴールまでもうすぐ

Goal 12:00
近 赤目口駅

帰りのアクセス

近大阪急行大阪上本町行約60分、鶴橋駅で各駅停車または準急に乗り換え約5分、近大阪難波駅へ ¥1,210

赤目口駅

寿司割烹にしおか

0 ── 200m

4 猪尻橋

3 深野
棚田の宿 ささゆり庵
神明神社
深野ササユリ保護地区

鹿高神社 一の鳥居
鹿高神社

宇陀川

近鉄大阪線

↑妙験山 青葉寺から深野までは杉林などの山道を40分ほど歩く。倒木、ぬかるみがあるほか、整備されていない区間もあるため、初心者は注意して

杉林の中をのんびりとハイキング

↑山道を抜けてしばらく歩くと棚田が見えてくる。深野までもうすぐ

3 深野 10:20

癒しとササユリの里を歩く

奈良と三重の県境の山原に広がる深野。のどかな棚田の風景は「にほんの里100選」に選ばれる。ササユリの保護地区では、ササユリも観賞できる。

🏠宇陀市室生深野
📞0745・82・2457(宇陀市商工観光課)
⏰観賞自由 🚫なし 💴観賞無料

↩山の斜面などの保護地区では、5月下旬～6月下旬にササユリが開花

↑名張市を一望できる山腹に広がる里。のどかな棚田の風景に癒されて

2 青葉の滝
1 妙験山 青葉寺

三本松駅

道の駅
宇陀路室生

近大阪難波駅

169

2 青葉の滝 9:25

室生の山奥に流れる滝

青葉寺の裏山に流れる落差6mほどの名瀑。北条時頼が命名したとされ、古くから行者の修練の場として使われてきた。苔むした岩壁と新緑が神秘的。

🏠宇陀市室生三本松3748-2
📞0745・82・2457(宇陀市商工観光課)
⏰観覧自由 🚫なし 💴観覧無料

↩妙験山 青葉寺本堂横の入口から山道を5分ほど歩いた場所にある青葉の滝

1 妙験山 青葉寺 9:15

修行の聖地に入る前にお参り

1917(大正6)年より千日間、青葉の滝で修行、摩崖仏を彫刻した真浄院日貞法師が創建した寺院。寺は聖地との境界線。まずはお参りを。青葉の滝は上流へ徒歩5分。

🏠宇陀市室生三本松3748-2
📞0745・92・2210 ⏰参拝自由
🚫なし 💴参拝無料

↑近鉄三本松駅から沿線を20分ほど歩いた場所にある日蓮宗の山寺

Start 8:55
近 三本松駅

ここまでのアクセス

近大阪難波駅より近鉄奈良行準急で約5分、鶴橋駅で大阪線伊勢中川行急行に乗り換え約60分 ¥1,140

花の郷
滝谷花しょうぶ園

↑売店はないので、買物は近くの道の駅で

出発前に軽食をゲット！

↩柿の葉寿司(写真はさば3個＆さけ3個)など地元の特産品が充実

道の駅 宇陀路室生

近鉄三本松駅から約5分歩いた場所にある宇陀川畔の道の駅。鳥が飛び立つ「飛翔」をイメージした建物が特徴的で、レストランやみやげ物売場などがある。

🏠宇陀市室生三本松3176-1
📞0745・97・2200 ⏰みやげ物売場9:00～18:00、農産物直売所8:00～17:00など
🚫なし ※レストランは水

16年に安全対策が行われた

国鉄時代の約4.7kmの区間中、西宮側の約3.2kmを工事。橋やコースわきのさくを整備するなどの安全対策を行ったほか、案内看板と注意看板を設置した。

←安全対策を中心にハイキングコースとして整備。ただし一般開放後も利用は自己責任なので注意して歩こう

武庫川渓谷
（むこがわけいこく）

トンネルや橋梁を抜けて
渓谷美が広がる廃線跡を散策♪

JR生瀬駅側から3つ目のトンネルとなる横溝尾トンネル。約150mのトンネルの先には第二武庫川橋梁が待つ

ハイキングDATA

歩行距離 約7.1km
歩行時間 約1時間45分
らくらく度 楽 ★┼┼┼ 難
備考 非舗装で距離があるが高低差が少なく歩きやすい。トンネル内は暗いので懐中電灯などが必要
問い合わせ先
なし

Goal
(J)武田尾駅
◀ 約20分
4 親水広場
◀ 約15分
3 第二武庫川橋梁
◀ 約20分
2 北山第2トンネル
◀ 約25分
1 廃線跡
◀ 約25分
Start
(J)生瀬駅

1986年に廃線となった旧国鉄の福知山線。この武庫川の渓谷に沿って延びる廃線跡は、関西でも人気のトレッキングコース。JR生瀬駅から武田尾温泉まで約7kmと手ごろな距離で途中、トンネルや橋梁など国鉄時代を思い起こさせるスポットに遭遇。武庫川の渓谷美を眺めながら、冒険心をくすぐる廃線トレイルへ出発進行！

Goal `11:20`

Ⓙ武田尾駅

帰りのアクセス
宝塚線高槻行で約45分、
大阪駅へ💴¥590

武田尾温泉
紅葉館 別庭「あざれ」

ゴール後の
お楽しみ

⬆源泉かけ流しの風呂⬅館内の茶寮「心」
では、趣向をこらした
昼食（要予約）も
🕐11:00〜15:00
💺90席

武田尾温泉紅葉館
別庭「あざれ」

宝塚の奥座敷として評判の武田尾温泉の
宿。武庫川の渓谷美を眺められる露天風
呂＆大浴場の温泉は日帰り利用もOK。無
料の足湯もあり。

🏠宝塚市玉瀬字イヅリハ1-47
☎0797・91・0131
🕐日帰り入浴11:00〜15:00
🈳なし

---

4 親水広場 `10:50`

川原の休憩スポット

桜の名所として有名な「桜の園」横に
広がる休憩スポット。川原まで降りる
ことができ、武庫川の川辺でお弁当を
広げる人も多い。

⬅川原まで降りられる数少ない場所。
増水時などは危険なので注意

⬆以前は鉄橋わきの管理用通路を歩いていたが、真ん中を歩けるよ
うに整備され、より安全に橋を渡ることができる

● ❹親水広場

● 桜の園

● ❸第二武庫川
橋梁

横溝尾
トンネル

短いトンネルの
ような高架

● ❷北山第2
トンネル

⬆親水広場手前には、
巨大な石の椅子が並ぶ
展望広場も。ゴールま
でもうひと息だ

➡16年の安全整備
工事で⑩生瀬駅横
の廃線コース入口
近くに仮設トイレ
も設置された

武庫川

北山第1トンネル

● ❶廃線跡

2 北山
第2トンネル `10:00`

ひんやりと暗い最長トンネル

コース上にある6か所のトンネルの
なかで最長のトンネル。約413mのト
ンネル内は真っ暗でひんやり。冒険
心を一番盛り上げてくれる。

⬆冷たい風が流れる
トンネルの出入口。
トンネル内は真っ暗
なので注意

---

3 第二
武庫川橋梁 `10:30`

渓谷美が広がる赤い橋梁

全長約70mのトラス式の橋梁で、廃線
コースを象徴するスポット。橋の上か
らは武庫川の渓谷美が広がり、写真
スポットとしても人気だ。

⬅橋の両側に広がる渓谷美。車窓の
ような欄干越しの景色が魅力

1 廃線跡 `9:25`

約4.7kmの廃線跡コース

廃線跡を利用した約4.7kmのハイキン
グコース。トンネルや橋梁はもちろ
ん枕木なども当時のままで、国鉄時
代のおもかげが残る。

⬅旧待避所を利用した展望場所
などもあり、渓谷美も楽しめる

中国自動車道

JR福知山線

西宝橋南詰

生瀬駅

大多田橋

コープミニ生瀬

整備されて
より安全に！

0   500m

Start `8:55`

Ⓙ生瀬駅

ここまでのアクセス
Ⓙ大阪駅より宝塚線新三
田行で約40分💴¥510
⬆Ⓙ生瀬駅より廃線跡
入口までは歩いて約25分

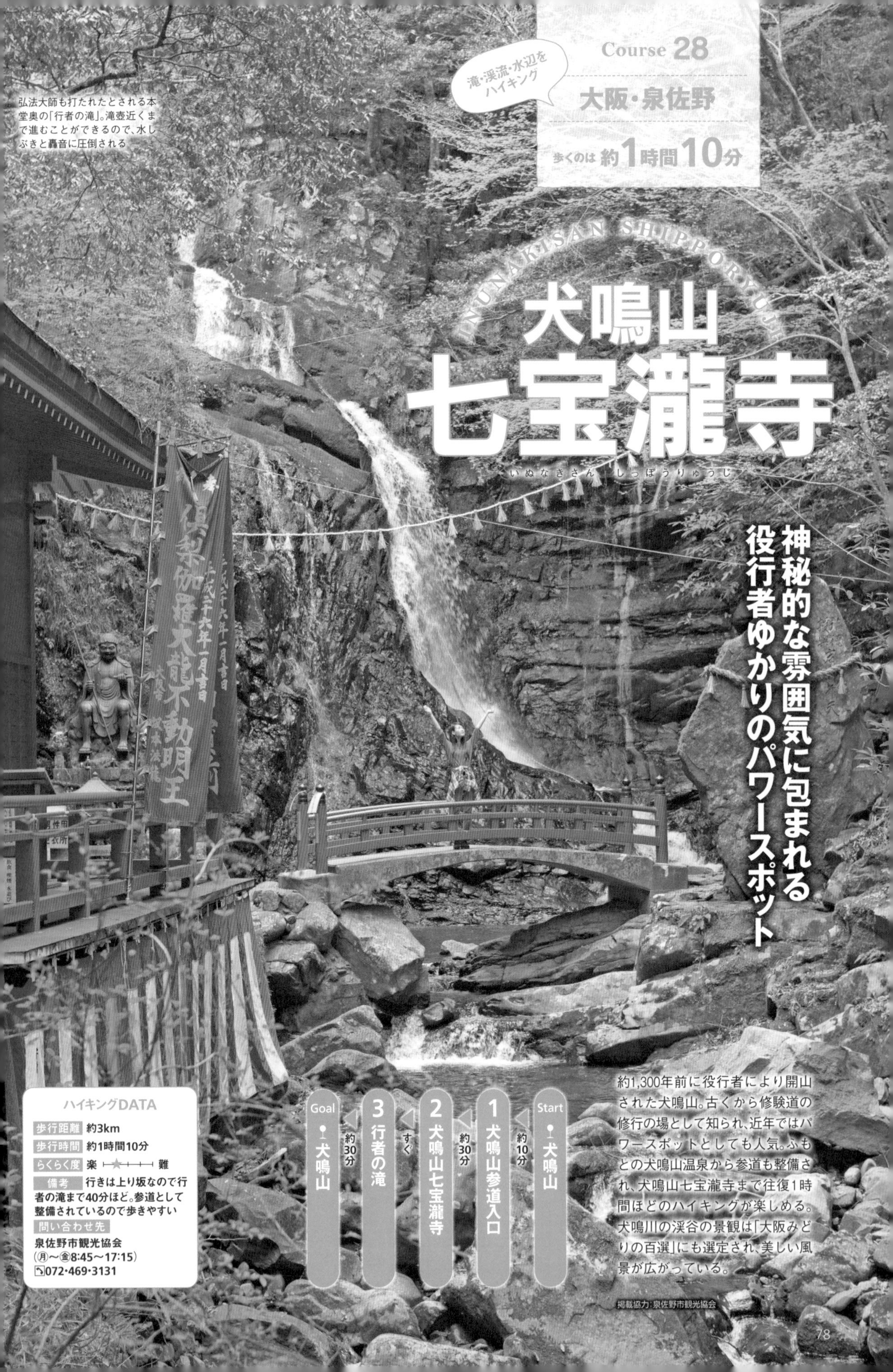

弘法大師も打たれたとされる本堂奥の「行者の滝」。滝壺近くまで進むことができるので、水しぶきと轟音に圧倒される

滝・渓流・水辺をハイキング

Course 28

大阪・泉佐野

歩くのは 約1時間10分

INUNAKISAN SHIPPORYUJI

犬鳴山 七宝瀧寺
いぬなきさん しっぽうりゅうじ

神秘的な雰囲気に包まれる 役行者ゆかりのパワースポット

約1,300年前に役行者により開山された犬鳴山。古くから修験道の修行の場として知られ、近年ではパワースポットとしても人気。ふもとの犬鳴山温泉から参道も整備され、犬鳴山七宝瀧寺まで往復1時間ほどのハイキングが楽しめる。犬鳴川の渓谷の景観は「大阪みどりの百選」にも選定され、美しい風景が広がっている。

Start 犬鳴山 ▷ 約10分 ▷ 1 犬鳴山参道入口 ▷ 約30分 ▷ 2 犬鳴山七宝瀧寺 ▷ すぐ ▷ 3 行者の滝 ▷ 約30分 ▷ Goal 犬鳴山

ハイキングDATA

歩行距離 約3km

歩行時間 約1時間10分

らくらく度 楽 ★ 難

備考 行きは上り坂なので行者の滝まで40分ほど。参道として整備されているので歩きやすい

問い合わせ先
泉佐野市観光協会
(月)～(金)8:45～17:15
☎072-469-3131

掲載協力:泉佐野市観光協会

↑犬鳴山温泉の温泉街から10分ほど歩いた場所にある参道の入口。その昔、大蛇に狙われた猟師を愛犬が身をていして守ったことから名付けられたと言われ、参道にはその義犬の墓もある

1 犬鳴山 参道入口 10:40

義犬伝説の山を歩く

大阪と和歌山の県境に位置する犬鳴山は、犬鳴川渓谷を中心とする山域全体の総称。犬鳴川に沿って大小48もの滝が点在している。

犬鳴川沿いを歩こう♪

↑バス停から犬鳴山参道入口までは温泉街を歩いて10分ほど。帰りのバスの時刻は要チェック

Start & Goal
犬鳴山
ここまでのアクセス

㉚なんば駅より南海本線約40分、泉佐野駅より南海ウイングバス犬鳴山行約37分
¥片道¥1,130〜

↺神宝橋から10分ほど歩くとある義犬の墓。犬鳴山の名前の由来となった義犬伝説が語られる

見どころいっぱい！

↺温泉街にある犬鳴大橋を渡り参道方面へ。このあたりは6月上旬〜中旬にホタルを鑑賞できる

地図ラベル:
- 犬鳴山温泉 不動口館
- 犬鳴山
- 犬鳴山温泉 み奈美亭
- 犬鳴大橋
- のつぼど
- 両界の滝
- ①犬鳴山参道入口
- 62
- 湯元温泉荘
- 犬鳴山 グランドホテル 紀泉閣
- 行者迎えの門（瑞龍門）
- 神宝橋　神明橋
- 犬鳴川
- 塔ノ滝
- 義犬の墓
- 古津喜谷の分岐
- ②犬鳴山七宝瀧寺
- 七福神堂
- 修験門
- ③行者の滝
- 0　200m

ゴール後のお楽しみ

↑緑が眺められる露天風呂
↺温泉と昼食が楽しめる昼食日帰りプランも

犬鳴山温泉不動口館

美人の湯として誉れ高い犬鳴山温泉の宿。温泉のみの利用も可能で、犬鳴川に面した露天風呂や大浴場で名湯と犬鳴山の自然が楽しめる。

㊟泉佐野市大木7☎072・459・7326⊙日帰り入浴11:00〜21:00（最終受付20:00）㊰不定休（年2回）

↑661年に開山されたとされる真言宗犬鳴派の本山。3〜11月の基本毎月第3㊐に一日修行体験（有料※1週間前までに要予約）も実施

2 犬鳴山 七宝瀧寺 11:30

日本最古の修験根本道場

真言宗犬鳴派の本山。行者の滝をはじめ山中にある著名な7つの滝を金銀などの七宝に例えて名付けられた。修験道修行一日体験も行っている。

㊟泉佐野市大木8☎072・459・7101（本堂）⊙本堂7:30〜16:30
㊰なし㊝参拝無料

↑本尊の木造立像・倶利伽羅不動明王は運勢向上、願望成就の守護神として信仰が厚い

3 行者の滝 11:45

水しぶき舞う霊滝で禊を！

犬鳴山七宝瀧寺内にある落差10mほどの滝。犬鳴山の七瀑の一つに数えられ、「霊力ある御瀧」として全国から多くの人が訪れる。

↑犬鳴山の自然に囲まれた神秘的な名瀑。滝参拝は滝管理協力費が必要

Course 29

大阪・箕面

歩くのは 約2時間

滝・渓流・水辺をハイキング

MINOH OOTAKI

箕面大滝

みのおおおたき

緑に囲まれる勝運の寺から名瀑を目指して滝道ハイク

箕面大滝や滝道をはじめとする箕面は、関西でも人気の高いハイキングコースの一つ。特に新緑の美しい初夏は、秋の紅葉と並ぶベストシーズン。新緑越しの名瀑や新緑のトンネルなど行く先々で初夏を体感できる。勝ちダルマで有名な勝尾寺から箕面大滝、そして滝道へと約2時間、箕面国定公園の新緑を満喫しよう。

ハイキングDATA

- 歩行距離 約7km
- 歩行時間 約2時間
- らくらく度 楽 ★ 難
- 備考 箕面滝道は舗装されているので歩きやすい。勝尾寺から箕面大滝まで車道を歩くので注意
- 問い合わせ先 箕面 交通・観光案内所 ☎072・723・1885

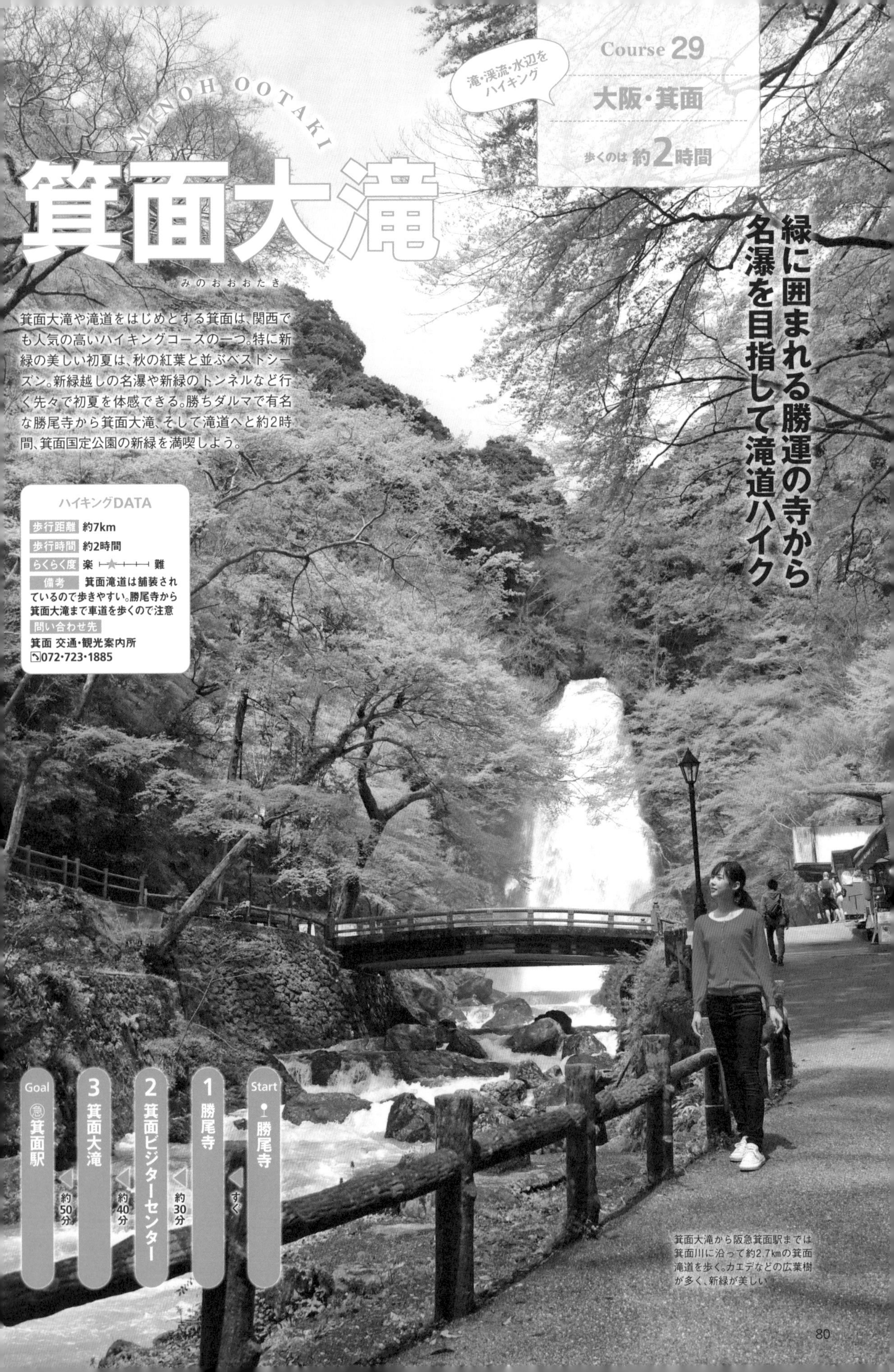

Start 勝尾寺 ◁ すぐ → 1 勝尾寺 ◁ 約30分 → 2 箕面ビジターセンター ◁ 約40分 → 3 箕面大滝 ◁ 約50分 → Goal 急箕面駅

箕面大滝から阪急箕面駅までは箕面川に沿って約2.7㎞の箕面滝道を歩く。カエデなどの広葉樹が多く、新緑が美しい

↑紅葉の名所としても有名で、初夏は青もみじなどの新緑とシャクナゲがきれい

1 勝尾寺 10:35

新緑の境内で勝運を祈願

勝ちダルマで有名な西国23番の札所。古くから源氏ら時代の覇者が祈願するなど勝負事にご利益があるとして多くの人が訪れる。

📍箕面市勝尾寺📞072・721・7010
⏰8:00〜17:00、土・日〜18:00
（最終受付各30分前）🚫なし💴非入山料

↑勝運成就した勝ちダルマが所狭しと奉納されている

2 箕面ビジターセンター

10:30

Start

📍勝尾寺

ここまでのアクセス
🚃🚌梅田駅より約28分、北大阪急行千里中央駅より阪急バス29系統約33分
💴￥880

↑勝尾寺はバス停の目の前

① 勝尾

勝尾

自然研究路5号線

自然研究路4号線

時間に余裕があれば自然研究路と呼ばれる、ハイキングコースを利用するのもおすすめ

2 箕面ビジターセンター 11:45

箕面ハイキングの拠点施設

箕面国定公園のハイキングの拠点として利用される無料施設。館内では箕面の自然や歴史などを紹介。自然観察ツアーなども実施する。

📍箕面市箕面1578📞072・723・0649
⏰10:00〜16:00、
4〜11月の土・日祝8:30〜17:00
🚫火（祝の場合翌平日）💴入館無料

↑昆虫や鳥類など箕面に棲息する生き物の標本＆はく製などを展示している←箕面国定公園内にある建物

箕面川ダム

自然研究路3号線

② 箕面ビジターセンター

📷大日駐車場

3 箕面大滝

滝前休憩所 雲隣展望台

🚻目千本

滝口橋

通行止
（大門橋〜滝口橋）

大門橋

戻岩橋

▲箕面山
（標高355m）

唐人戻岩

🚻

箕面滝道

天狗鼻

箕面川

↑勝尾寺から箕面大滝までは府道4号線〜府道43号線を利用。歩道や歩くので車などに注意しよう

←箕面川に沿って続く箕面滝道。コース付近には瀧安寺や箕面公園昆虫館などの施設が点在する

修業の古場休憩所

一鶴島橋

🚻姫岩

野口英世像

楓橋

みのお弁財天卍

観音堂卍 🚻瀧安寺卍

箕面公園昆虫館

筆塚

←箕面駅に近付くととみやげ店などが立ち並ぶ。もみじの天ぷらなど箕面名物を要チェック

3 箕面大滝 12:40

関西で人気No.1の名瀑

箕面国定公園内にある箕面大滝は、関西で最も親しまれる滝の一つ。落差約33mの名瀑は迫力満点で「日本の滝百選」にも選ばれている。

箕面観光ホテル
大江戸温泉物語
箕面温泉
スパーガーデン

梅屋敷休憩所

一の橋

卍聖天宮 西江寺

14:00

Goal

🚃箕面駅

帰りのアクセス
🚃石橋阪大前行で約7分、石橋阪大前駅で宝塚線大阪梅田行急行に乗り換え18分、大阪梅田駅へ💴￥280

滝道商店街 箕面 交通・観光案内所

コンビニ
箕面駅 商店街

阪急箕面線

↑カエデなどの木も多く、新緑越しの滝は初夏ならではの絶景

仙人や天狗も訪れた伝説の渓谷
瑠璃のような美しい渓谷を散策

ハイキングDATA

歩行距離 約4km

歩行時間 約1時間30分

らくらく度 楽 ★━┼━┼━ 難

備考 遊歩道が整備され、歩きやすい。ただし雨天、増水時の渓谷沿いは危険なので注意しよう

問い合わせ先
南丹市観光交流室
☎0771・68・0050

バス停付近から通天湖までは渓谷に沿って約4kmのるり渓遊歩道が整備される。途中、渓流に入って水遊びが楽しめるのも魅力

Goal ·¦·奥るり渓
すぐ
2 京都るり渓温泉 for REST RESORT
約90分
1 ·¦·るり渓
すぐ
Start ·¦·るり渓

RURIKEI

るり渓
るりけい

標高約500mの高原に位置する「るり渓」は、園部川が高原の斜面を浸食することで生まれた渓谷。長さ約4kmの清流には「るり渓12勝」と呼ばれる、それぞれ名前が付けられた奇岩や滝などが点在し、次々に現れる。その個性的な自然美を楽しみながら渓谷沿いを歩き、「京都るり渓温泉」でBBQや温泉を楽しんでみよう!

↑大きな屋根のテラスで雨の日も安心して楽しめ、道具の準備やあと片付けなどが不要なのもうれしい。肉などのメイン以外に、サイドメニューも充実

←バーデゾーンなど水着でも楽しめる温泉施設。全館利用プランで、ランタンテラスや岩盤浴も利用可

バーベキューDATA
利用時間11:00〜16:30(最終受付15:00)、17:00〜20:30(最終受付19:00)※季節により異なる 利用料無料 メニュー高原BBQプランなど※飲食類の持込不可

温泉DATA
利用時間7:00〜23:30
風呂数全16種
泉質単純弱放射能泉
効能筋肉痛など
アメニティシャンプーなど無料

● 掃雲峰

→新感覚イルミネーション「SYNESTHESIA HILLS」
日没〜22:00
(最終入場21:30)
※季節により異なる

Goal

16:30

🚏奥るり渓(土)(日)(祝)のみ

帰りのアクセス

ぐるりんバス10系統で約15分🚏南八田から京阪京都交通バス40系統約24分🚏園部駅西口へ ¥720

❷京都るり渓温泉 for REST RESORT

↑雌雄の龍が泳ぐ深い淵を意味する❻双龍淵(そうりゅうえん)

→名僧一糸和尚が、坐禅に来たと言われる❽座禅石(ざぜんせき)

---

2 京都るり渓温泉 12:30
for REST RESORT

高原でBBQ&天然温泉!

るり渓の最上流近くにある総合リゾート施設。標高500mの高原に広がる場所内には温泉施設をはじめ、レストランや一年中利用できるイルミネーションなどのアミューズメントが充実。人気は手ぶらで楽しめる高原バーベキュー。豊かな自然に囲まれて食べるバーベキューは格別の味。

南丹市園部町大河内広谷1-14
0771-65-5001
施設により異なる
なし
施設により異なる

1 るり渓 10:35

宝石のような美しき渓谷を散策

"瑠璃にも似た美しさ"と言われるるり渓は国の名勝地にも指定されている自然公園。渓谷に沿って滝や奇岩怪石などるり渓12勝と呼ばれる観賞ポイントが点在。多くの伝説が残る渓谷は歩くだけで、力がみなぎる。

南丹市観光交流室
南丹市園部町大河内
0771-68-0050 入場自由
なし 入場無料

 休憩所
Ⓐ 鳴瀑
Ⓑ 座禅石
Ⓒ 錦繍巖

Ⓐ 鳴瀑(めいばく)
滝の裏が空洞で重厚な音が鳴り響くことから名付けられた。正面に休憩所があり、ここからの眺めがおすすめ

Ⓒ 錦繍巖(きんしゅうがん)
紅葉が錦(にしき)の縫い取りをしたように美しい景観が楽しめる。深緑に映える夏の岩肌もきれい

Ⓓ 掃雲峰(そううんぼう)
雲にそびえる高い峰を意味する名勝。頂上に突き出た岩で、天狗が休んだことから天狗岩とも呼ばれる

Ⓔ 蠎蜓泉
🚏るり渓

Ⓔ 蠎蜓泉(たいとうせん)
小さな滝が連続する渓谷。連続する滝から噴き上がる水しぶきによって美しい虹ができると言われる

Ⓕ 渇蚪潤(かっきゅうかん)
龍の水飲み場を意味する渓流。特別天然記念物のオオサンショウウオが棲息するほどの清流

Ⓕ 渇蚪潤
Ⓖ 双龍淵
Ⓗ 玉走盤 休憩所
Ⓘ 水晶簾
Ⓙ 欄柯石
Ⓚ 会仙巖

Ⓗ 玉走盤(ぎょくそうばん)
岩の上を流れる水が、まるで盤の上を転がる美しい玉のように見える。渓流のせせらぎが心地よい

Ⓘ 水晶簾(すいしょうれん)
穏やかに流れ落ちる滝が、まるで水晶の簾(すだれ)のように見える滝。滝の間近で眺められる

渓流歩道入口
奥るり渓
(休憩所)
通天湖

 通天湖
るり渓自然公園

Ⓙ 欄柯石(らんかせき)
るり渓には奇岩怪石が数多く点在する。この欄柯石もその一つで、小判のような形をした巨大な石

Ⓚ 会仙巖(かいせんがん)
仙人が大勢集まり、滝の流れ落ちる水に杯を流して「曲水の宴」を楽しんだと言われている

Ⓛ 通天湖(つうてんこ)
天にも届かんばかりの高い場所にある湖の意味。ダム湖から流れる高さ12.5mの滝も見もの

市民プラザの遊歩道。時間によっては、におの浜観光港に出入港するクルーズ船のミシガンを見ることもできる

ハイキングDATA

歩行距離	約8.4km
歩行時間	約1時間55分
らくらく度	楽★┼┼┼┤難
備考	公園内の遊歩道は整備されて歩きやすい。途中、トイレや自販機なども多くて便利
問い合わせ先	大津市公園緑地協会 ☎077・527・1555

絶景と浜風が気持ちいい
レイクサイドをお散歩

浜風が気持ちいい♪

OTSUKOGAN NAGISAKOEN

➡湖に沿って1kmほどのまっすぐな遊歩道が続く、なぎさのプロムナード。芝桜の名所で、4月下旬～5月上旬には美しい芝桜が見られる

大津湖岸
なぎさ公園
おおつこがんなぎさこうえん

⬆近江大橋の南側にある公園。湖まで降りることもOK

琵琶湖南部に広がる大津湖岸なぎさ公園は、なぎさのプロムナードやサンシャインビーチなど6つのエリアから成る公園。湖岸に沿って遊歩道も整備され、レイクサイドハイキングが楽しめる。湖上を往来する船舶や、4月下旬から5月上旬が旬の芝桜など見どころも満載。湖を望むテラス席でのランチやカフェもおすすめだ。

3 膳所城跡公園 13:45

徳川家康ゆかりの湖岸の城跡

膳所城は関ヶ原の合戦後、徳川家康が築城の名手・藤堂高虎に造らせた城で、湖水を利用した水城。明治維新後に廃城となり、現在は本丸跡を公園として整備。水辺まで降りることも可能で、ハイキング途中の休憩場に最適。

🏠大津市本丸町7
☎077・527・1555(大津市公園緑地協会)
🕐入園自由 🅿なし 💴入園無料

⬆復元された城門が城跡をうかがわせる。当時の城門は膳所神社などに移築されて残っている

Goal
🚃石山寺駅

約50分

3
膳所城跡公園

約20分

2
市民プラザ

約25分

1
なぎさのテラス(打出の森)

約20分

Start
🚃びわ湖浜大津駅

11:00

Start
🇰 びわ湖浜大津駅

ここまでのアクセス
Ⓐ大阪駅より東海道本線新快速で約35分、山科駅より京阪山科駅へ、京津線で約12分 ¥1,100

↑びわ湖浜大津駅から大津湖岸なぎさ公園までは歩道橋を渡りすぐ

↑園内のベンチや芝生広場でお弁当を広げてピクニックもOK！↑琵琶湖大橋や近江大橋をはじめ対岸の比叡山なども望める絶景ポイント

ミシガンが入港するよ

2 市民プラザ 12:45

大パノラマな景色が広がる眺望公園

湖に突き出るように広がる公園。大津湖岸なぎさ公園のなかでも一、二を争う大パノラマな景色が楽しめるポイント。園内には芝生広場やベンチなども完備され、目の前に広がるレイクビューを眺めながらのんびりと休憩できる。

🏠大津市由美浜
☎077・527・1555(大津市公園緑地協会)
🕐入園自由 🈚なし 💰入園無料
※25年春ごろまで改装中

↑大津湖岸なぎさ公園で最も広いサンシャインビーチ。砂浜が続き水と親しめる

近江大橋が見えるよ

---

① なぎさのテラス(打出の森)

② 市民プラザ

③ 膳所城跡公園

1 なぎさのテラス 11:20
(打出の森)

湖岸に並ぶ4つのカフェでランチ

打出の森内に、寄り添うように並ぶ4店のカフェ。それぞれがオープンデッキを備え、琵琶湖の景色を楽しみながらカフェやランチが味わえる。無農薬野菜にこだわるレストランやスイーツの人気店など思わず迷いそう。

ブランチレストラン なぎさWARMS

19年2月にリニューアルしたカリフォルニアスタイルのレストラン。手作りにこだわり、近江野菜を使用したサラダやお総菜を盛り込んだワンプレートが好評。琵琶湖を眺めながらブランチタイムを満喫。

🏠大津市打出浜15-5 打出の森内
☎077・526・8220
🕐10:00〜16:00※変動あり
🈚🅿テラス24席、屋内48席

↑琵琶湖を見渡せる絶景テラス席でブランチを満喫

Chocola

スフレパンケーキなどのスイーツが人気のカフェ。11:00まではお得なモーニングも実施。

☎077・521・3525
🕐9:00〜18:00
🈚なし 🪑70席

アンチョビ

ピザやパスタなど気軽にイタリアンが味わえる。平日限定のランチも人気。

☎077・522・1811
🕐11:30〜14:30、17:30〜22:00(LO21:00) 🈚なし 🪑40席

Hashing-ハッシン-

ロケーション抜群のレストラン。琵琶湖の絶景を眺めながら、ローストビーフ丼などのこだわりの肉料理が堪能できる。

☎077・524・5223
🕐11:00〜22:00※ランチ〜15:00
🈚🅿🪑80席

↓遊歩道の瀬田川ぐるりさんぽ道。まっすぐ進むと⑮石山寺駅に到着

15:30

Goal
🇰 石山寺駅

帰りのアクセス
石山坂本線で約4分、京阪石山駅より Ⓐ石山駅へ、東海道本線新快速で約45分で大阪駅へ
¥1,160

↑↑近江野菜など近江の食材が満載のLUNCHプレート(内容は日替わり)↑エッグベネディクト

ハイキングDATA

歩行距離	約3.3km
歩行時間	約1時間30分
らくらく度	楽 ├─┼─★─┼─┤ 難
備 考	青い海、白い灯台、歴史の遺物など見どころの多いコース。動きやすい靴と服装で訪れて

問い合わせ先
和歌山市観光課
☎073・435・1234
友ヶ島汽船☎073・459・1333

TOMOGASHIMA

友ヶ島

ともがしま

無人島に数多く残された
旧日本軍の軍事施設跡

苔むしたレンガの壁を新緑の天蓋がおおう「第3砲台跡」。映画などのロケ地にもよく使われている。この廃墟感が冒険心を刺激する

Goal	3	2	1	Start
野奈浦桟橋	第3砲台跡	タカノス山展望台	友ヶ島灯台	野奈浦桟橋
	約20分	約5分	約30分	約35分

友ヶ島は紀淡海峡に緩やかな曲線を描いて浮かぶ神島、地ノ島、沖ノ島、虎島の4島を合わせた総称。定期船で気軽に上陸できる沖ノ島には、明治時代から軍事要塞として使われていた当時の砲台や弾薬庫などの遺跡が数多く残っている。島の豊かな自然に浸食された、ファンタジックな雰囲気あふれる廃墟を潮風と一緒に巡ろう。

86

↑加太港から友ヶ島汽船を利用して島へ
運休(祝の場合運航)
※その他運航日等は要問い合わせ
往復¥2,200

⑦大阪駅より環状線で約17分、新今宮駅へ、南海新今宮駅から加太駅まで約86分、加太駅から加太港へ徒歩15分、船で約20分、野奈浦桟橋へ 片道¥2,200

阪和自動車道泉南IC
←加太港 加太海水浴場
加太港緑地
「加太」への案内板
「友ヶ島汽船」への案内板
P
淡嶋神社
友ヶ島汽船(加太港)
浜焼きBBQレストラン・カダテラス
加太中 加太
加太小
南海加太線

2 タカノス山展望台 11:00

ランチなどに最適な眺望スポット

眼下に紀淡海峡のパノラマが広がる、標高119mの山頂にある展望台。屋根付きのベンチも完備されているから、日陰でランチをどうぞ。

↑澄み渡る青い海の向こうに、淡路島や四国などが見渡せる

第2砲台跡

←緑の芝にレンガ造りの建物が映える砲台跡。奥にはキレイな海も広がっている。立入禁止なので、中には入らずに建物の前で記念撮影しよう

第1砲台跡

←淡路島などの海景色が目の前に広がる第1砲台跡は、現在立入禁止。当時の姿がほぼそのままの形で残る「友ヶ島灯台」や「子午線広場」も近くにあるのでぜひ

野奈浦桟橋
友ヶ島案内センター
小展望台

N
0 ─── 100m

② タカノス山展望台

第2砲台跡
蛇ヶ池
① 友ヶ島灯台
第1砲台跡
旧海軍聴音所跡
③ 第3砲台跡

↑1872年建造。現在は灯塔とレンズ台座のみが当時のまま残っている

1 友ヶ島灯台 10:15

歴史的文化財価値Aランクの灯台

幕末の大坂条約により建設された5基の西洋式灯台の一つで、「近代化産業遺産」にも認定されている。

↑弾薬庫の中は照明もなく、薄暗い神秘的な空間。真夏でも23℃でひんやりとした空気が流れている

3 第3砲台跡 12:05

友ヶ島最大スケールの砲台跡

フランス様式の4砲座から成り、友ヶ島の最主力砲台として建設された。アーチ構造を取り入れたレンガ造りの弾薬庫は、美術館も兼ね備え、美しさも感じられる。近辺には看守衛舎跡が残され、要塞として使われていた当時の面影が残る。

ゴール後のお楽しみ

浜焼きBBQレストラン・カダテラス

海に面したテラスで海鮮or焼肉BBQが楽しめる。セットはサラダやご飯、デザート付きでボリューム満点！ 温泉もあるから、歩き疲れた体を癒すのにも最適だ。

和歌山市加太1905
シーサイドホテル加太海月内
050-3163-0011 11:00～21:00(LO20:30)、温泉～15:00(最終受付)
不定休※要予約 40席

※内容は変更になる場合あり

↑シンボル的なレンガ造りの弾薬貯蔵庫は、神秘的な雰囲気が好評のフォトスポット。中に入ることもできるが、懐中電灯の用意と足元に注意。暗闇の中で、光に目を凝らす。音に耳を澄ます。それがこの友ヶ島第3砲台美術館の鑑賞方法だ

Course 33

京都・宮津

歩くのは 約1時間40分

滝・渓流・水辺をハイキング

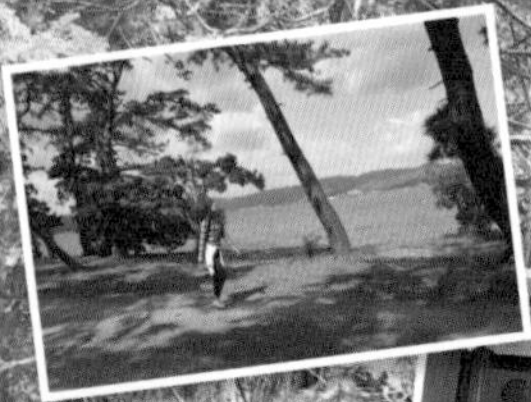

白砂青松の天橋立を渡って お伊勢さんのふるさとへ

MOTO ISE KONO JINJA

元伊勢 籠神社

もといせ このじんじゃ

天照大神、豊受大神がこの地から伊勢へ遷(うつ)されたことより元伊勢と呼ばれる元伊勢 籠神社。この丹後随一のパワースポットへは、天橋立を渡って行くことができる。その昔、天の伊射奈岐大神(いざなぎのおおかみ)が、地上の伊射奈美大神(いざなみのおおかみ)に会うためにかけたはしごが倒れたのが天橋立と伝わる。愛のかけ橋と信仰されてきた天橋立を渡れば、ご利益も倍増。

ハイキングDATA

- **歩行距離** 約4km
- **歩行時間** 約1時間40分
- **らくらく度** 楽★────難
- **備考** 天橋立は高低差がなく、道幅も広くとても歩きやすい。トイレや案内板などの設備も充実
- **問い合わせ先** 天橋立駅観光案内所(9:00～18:00)☎0772・22・8030

⬅元伊勢 籠神社の参道ともされる天橋立を渡りパワースポットへ

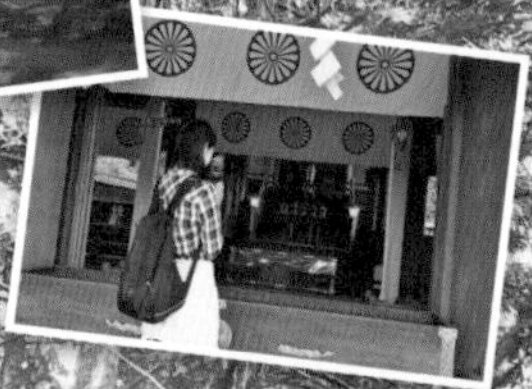

➡丹後一の格式を誇る元伊勢 籠神社でお参りしてから真名井神社へ

元伊勢とは？

伊勢神宮の皇大神宮(内宮・こうたいじんぐう)、豊受大神宮(外宮)が現在の地へ遷る前に祀られていた伝承を持つ神社。全国で20数か所とされるが、天照大神・豊受大神の二神の「元伊勢」と言われるのは、この籠神社だけ。

Start 京都丹後鉄道 天橋立駅
▷ 約5分
1 天橋立
▷ 約60分
2 元伊勢 籠神社
▷ 約15分
3 真名井神社
▷ 約20分
Goal 天橋立観光船 一の宮桟橋

元伊勢 籠神社の奥宮・真名井神社。狛龍が鎮座する鳥居をくぐり、神聖な境内へ。豊受大神を祀る真名井神社に参拝しよう

2 元伊勢 籠神社 12:40

お伊勢さんのふるさとを参拝

丹後一の格式を誇る古社。伊勢神宮と同様の神明造りで、本殿の高欄上に祀られる五色の座玉は、伊勢神宮とここだけという貴重なもの。

🐾宮津市字大垣430🏠0772・27・0006
🕐7:30〜17:00※季節・曜日により変更あり
🚫なし🎫参拝無料

傘松公園
傘松□

天橋立リフト・
天橋立ケーブルカー

府中

3 真名井神社

🏠 天橋立
ユース
ホステル

Goal 13:40
天橋立観光船 一の宮桟橋
帰りのアクセス
天橋立観光船で約12分、天橋立桟橋から徒歩7分の京都丹後鉄道天橋立駅へ
🚃¥700

● 2 元伊勢 籠神社

卍慈光寺

府中小

天橋立観光船
一の宮桟橋

天橋立郵便局

3 真名井神社 13:10

豊受大神を祀る森の中の古社

古代丹後の最高神で、五穀豊穣の豊受大神を祀る元伊勢 籠神社の奥宮。境内のご神水「天の真名井の水」を求め、多くの人が訪れる。

🐾宮津市字大垣小字諸岡86
🏠0772・27・0006(元伊勢 籠神社)
🎫参拝自由🚫なし🎫参拝無料

←天橋立観光船では船の周りを飛び交うカモメにエサをやれる

←神代より続く古社←神門前の石造狛犬は鎌倉時代の名作で重要文化財に指定。天橋立に出現した狛犬の脚に、剣豪・岩見重太郎がひと太刀浴びせたという伝承があり、向かって右側の狛犬にはその時の刀傷が残る

←過去を浄化し、曇りをはらうとされるご神水・天の真名井の水
→鳥居の両わきに鎮座する狛龍。龍神は豊受大神の使いとされ、龍神信仰発祥の地とも言われている

←廻旋橋から元伊勢籠神社まで約3km。自転車や徒歩で渡ることもできる。天橋立内はトイレなども充実

阿蘇海

● 1 天橋立

宮津湾

↑夏場は海水浴場としてもにぎわう天橋立。日本海の海景色が広がる

天橋立府中海水浴場

1 天橋立 11:40

白砂青松の日本三景の一つ

宮城の松島、広島の宮島と並ぶ日本三景の一つ。文殊側から一の宮側まで歩いて渡ることも可能で、白砂青松の松並木ハイクを楽しめる。

天橋立公園
磯清水
天橋立神社开

天橋立観光船(天橋立桟橋)
② 京都丹後鉄道宮豊線
智恩寺(切戸文殊)卍
天橋立温泉
智恵の湯
天橋立駅

はしだて茶屋
天橋立海水浴場
开大天橋
廻旋橋

N

0   200m

11:30
Start
京都丹後鉄道 天橋立駅
ここまでのアクセス
③大阪駅より特急こうのとりで約35分、福知山駅で京都丹後鉄道天橋立行に乗り換え約60分🚃¥4,200

→智恵の輪のモニュメントが目印の天橋立駅。構内には観光案内所もあるので出発前にチェック

ゴール後のお楽しみ

天橋立温泉 智恵の湯

神々の遊湯とされた天橋立温泉が日帰りで楽しめる。和テイストたっぷりのお風呂で療養泉にも指定されている美肌の湯を、ゆったりと満喫しよう。

🐾宮津市文珠640-73
🏠0772・22・1515
🕐12:00〜21:00
🚫水(祝の場合営業)

→「三人寄れば文殊の智恵」で知られる文殊の智恵の輪をイメージした「ちゑの輪」は男女日替り

はしだて茶屋

地元のアサリを使ったあさり丼が人気の天橋立内の茶屋。昆布と醤油で味付けしたアサリがたっぷりの丼は、ご飯に染み込んだダシが絶品。

🐾宮津市文珠 天橋立公園内
🏠0772・22・3363🕐9:00〜17:00🚫木
🪑58席

→天橋立の松並木と海を望みながら、名物丼を堪能しよう!

→あさり汁に出石そばなどがセットになった、ボリュームも満点のあさり丼

滝がすごく
近くに見える

↑4つの滝で最も大きい雄滝。滝壺も430㎡と広い
→雄滝の手前には観瀑橋が設けられ、滝が目前に

滝・渓流・水辺を
ハイキング

1 布引の滝 10:20

布のような水が流れる名瀑

「日本の滝百選」にも選ばれる、神戸を代表する名瀑。雌滝（めんたき）、夫婦滝（めおとたき）、鼓滝（つつみがたき）など4つの滝の総称で、なかでも高さ43mの雄滝（おんたき）は迫力満点。

NUNOBIKI
CHOSUICHI

布引
貯水池
ぬのびきちょすいち

ハイキングDATA

歩行距離	約3.4km
歩行時間	約1時間25分
らくらく度	楽 ├─●─┤ 難
トイレ	Ⓙ新神戸駅、神戸布引ハーブ園などにあり
備考	整備されて歩きやすいコースだが、神戸布引ハーブ園までほぼ上り坂。階段も多い
問い合わせ先	なし

名瀑から絶景のダム湖まで自然に包まれた布引渓流を歩く

「名水百選」にも選定される布引渓流。その水源の一つが布引貯水池。貯水池まではハイキングコースが整備され、自然に包まれたコースの途中では、布引の滝などの観瀑が楽しめる。貯水池からは神戸布引ハーブ園も近く、立ち寄るのもおすすめ。季節の花が満開の園内の散策後はロープウェイでらくらく下山。

Goal		3		2		1		Start
ハーブ園山麓駅	◀ 約30分（ロープウェイ含む）	神戸布引ハーブ園	◀ 約15分	布引貯水池	◀ 約20分	布引の滝	◀ 約20分	Ⓙ新神戸駅

NHKの街歩き番組でも紹介された布引貯水池。六甲山系の自然に囲まれたダム湖で、緑とダム湖の景色が楽しめる

ハーブ園山頂駅からハーブ園山麓駅までは神戸布引ロープウェイ10分ほど。神戸の町並みなど景色が楽しめる
◷9:30～16:45、土日祝～20:15
困なし※悪天候、点検時を除く
¥ロープウェイ片道¥1,130、往復¥1,800
※24年4月より価格改定予定

神戸布引ハーブ園への近道。急な階段が続くが、5分ほど短縮できる

③ 神戸布引ハーブ園

② 布引貯水池

ザ・ハーブダイニング
ハーブ園山頂駅
新神戸トンネル
ハーブの足湯
ザ・ヴェランダ神戸

風の丘中間

↑神戸の町並みを眺めながらオリジナルバーガーやスイーツなどが味わえる「ザ・ヴェランダ神戸」の開放的なテラス席◷10:30～16:30(2FのみLO16:00)

3 神戸布引ハーブ園 `11:20`

季節の花と神戸の絶景を満喫

神戸の町を見下ろす、日本最大級のハーブ園。ラグジュアリーな空間で優雅に過ごすことができる「ザ・ヴェランダ神戸」をはじめ、季節のハーブが入った足湯などが人気。

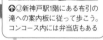

↑↑グラスハウスエリア「ザ・ヴェランダ神戸」1階テラスの布引ハーブバーガーとサヴァラン
↑無料の「ハーブの足湯」

2 布引貯水池 `10:50`

ダム湖を眺めながら休憩を

1900年に完成した布引五本松堰堤に広がるダム湖が布引貯水池。日本最古の重力式コンクリートダムで、06年には国の重要文化財にも指定されている。

↑貯水池周辺はハイキングコースとして整備され、ベンチもある

猿のかずら橋
① 布引の滝（雄滝）
夫婦滝　観瀑橋
おんたき茶屋
みはらし展望台
卍徳光院
鼓滝
雌滝
布引公園

`0` `100m`

`10:00`
Start

Ⓙ 新神戸駅

ここまでのアクセス

Ⓙ大阪駅より三ノ宮駅へ、神戸市営地下鉄に乗り換え、㉖㉗三宮駅より約2分、徒歩すぐで新神戸駅へ¥630

↑Ⓙ新神戸駅1階にある布引の滝への案内板に従って歩こう。コンコース内には弁当店もある

新神戸駅
山陽新幹線
神戸布引ロープウェイ

`13:00`
Goal

ハーブ園山麓駅

帰りのアクセス

東へすぐの㉖㉗新神戸駅より三宮駅へ、Ⓙ三ノ宮駅より新快速で約20分、大阪駅へ¥630

ハーブ園山麓駅
ANAクラウンプラザホテル神戸
新神戸駅
地下鉄西神・山手線

神戸北野異人館 風見鶏の館

もっと神戸を楽しむならここ！

■ 神戸北野異人館 風見鶏の館

1909年ごろに建てられた旧トーマス邸。レンガの外壁と風見鶏は、北野異人館のシンボルとして親しまれている。耐震改修工事のため長期休館中。

囲神戸市中央区北野町3-13-3
◷困圉改修工事後に変更になる場合あり。要確認
交㉖㉗新神戸駅より徒歩10分

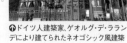

↑ドイツ人建築家、ゲオルグ・デ・ラランデにより建てられたネオゴシック風建築

Course 35

緑に囲まれて
ハイキング

京都・蹴上

歩くのは 約1時間25分

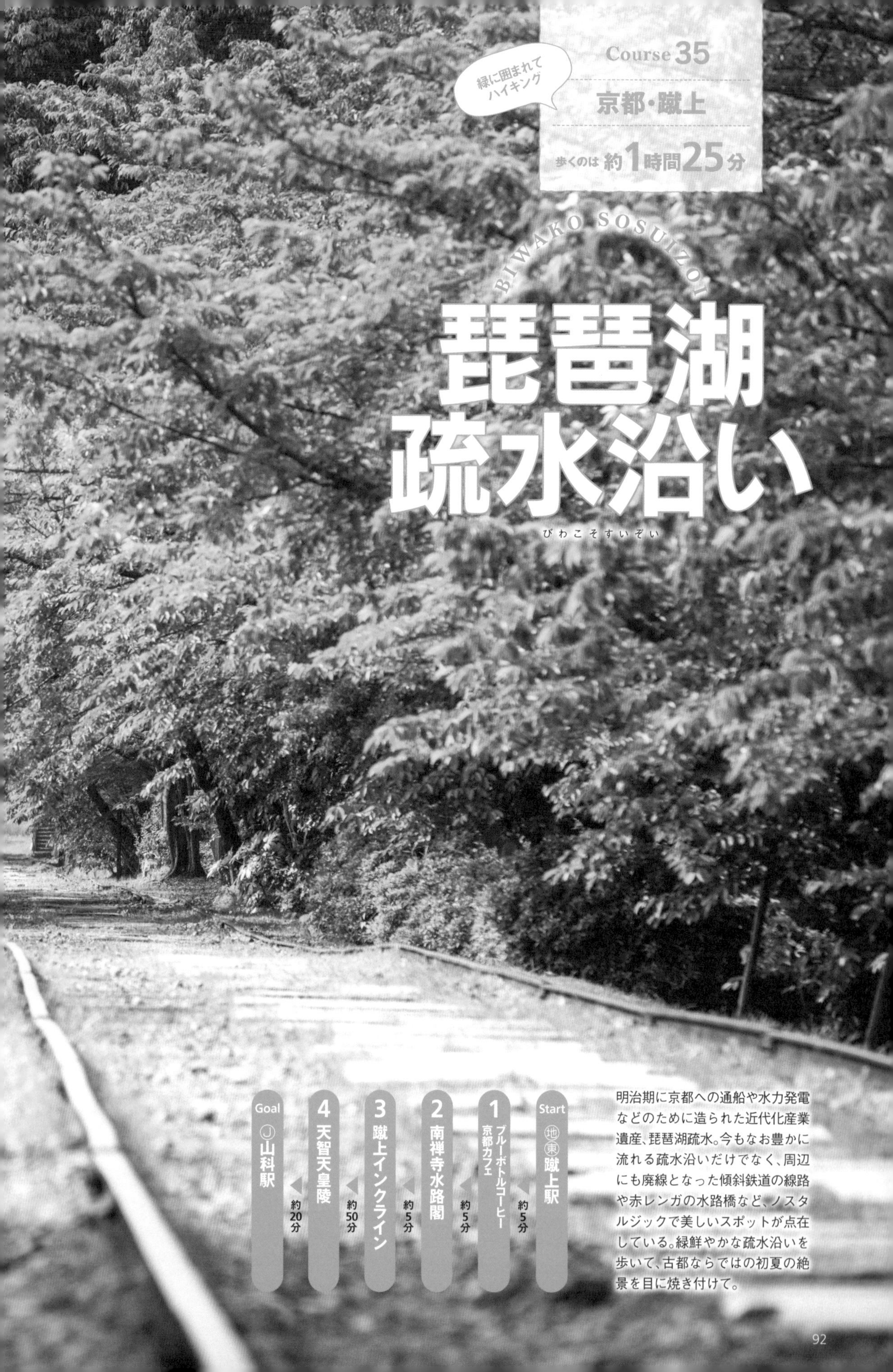

BIWAKO SOSUIZOI

琵琶湖疏水沿い

びわこそすいぞい

Start (地)(東)蹴上駅
◀約5分
1 ブルーボトルコーヒー 京都カフェ
◀約5分
2 南禅寺水路閣
◀約5分
3 蹴上インクライン
◀約50分
4 天智天皇陵
◀約20分
Goal (J)山科駅

明治期に京都への通船や水力発電などのために造られた近代化産業遺産、琵琶湖疏水。今もなお豊かに流れる疏水沿いだけでなく、周辺にも廃線となった傾斜鉄道の線路や赤レンガの水路橋など、ノスタルジックで美しいスポットが点在している。緑鮮やかな疏水沿いを歩いて、古都ならではの初夏の絶景を目に焼き付けて。

葉桜のアーチから木漏れ陽が疏水の廃線を彩る初夏の絶景

蹴上インクライン
初夏には葉桜のアーチから木漏れ陽が

琵琶湖疏水の舟運が廃止され、今は線路だけが残るインクライン。桜名所として知られ、線路をピンク色に染めたソメイヨシノが初夏になると鮮やかな緑色で魅了。線路を踏み締めながら、葉桜のアーチを通り抜けよう。

＼ 見どころいっぱいの全長582m ／

↑全長約582mのインクラインは、花見シーズン以外も絶好の散歩コースとして人気。両サイドから線路をおおうように葉桜やうっそうとした葉桜が迫る

←インクラインの下を通る、ねじりまんぼ。レンガをらせん状に組んで造ったユニークなトンネルも見もの

→復元された台車も見られる。落差が大きく船が進めなかったため船を台車に乗せて運行していたそう

→日本初の事業用水力発電所として知られる、蹴上発電所が。緑越しにレンガ造りの建物が撮影できる

ハイキングDATA

歩行距離	約7km
歩行時間	約1時間25分
らくらく度	楽 ├─★─┤ 難

蹴上インクラインから先は少し高低差はあるが歩きやすい。住宅街を抜ける時は静かに

問い合わせ先	なし

緑の葉を付けたソメイヨシノやヤマザクラなどが、両サイドから線路をおおう。夏草がいきいきと成長する初夏は、よりノスタルジックで美しい景観に

←インクラインの上を通る北西の道路上からは、角度を付けた写真が狙える。まっすぐ延びる線路と新緑が織り成す絶景を見下ろしてみよう

赤レンガの美しい水路閣を
青もみじが涼やかに包む

琵琶湖疏水にある南禅寺水路閣は風光明媚な境内を通過するため、景観に配慮された設計＆デザインに。周囲の青もみじとも見事に調和

水路閣が通る境内も新緑＆見どころ満載

↑臨済宗南禅寺派の大本山。重要文化財でもある三門は、威風堂々とした姿が青もみじに映え、息を飲む美しさ

南禅寺
心を洗われる風光明媚な境内

水路閣のある南禅寺は、紅葉の名所としても知られ、夏になると緑が随所に。勅使門や三門、法堂、方丈の伽藍が一直線に、その周辺に12の塔頭が並ぶ風光明媚な境内では、水路閣周辺と同じく、涼しげな青もみじがお迎え。また、方丈には「虎の子渡し」と呼ばれる見事な枯山水庭園もあるので、水路閣と併せて楽しむのもおすすめだ。

京都市左京区南禅寺福地町86
075・771・0365 8：40〜17：00
（最終受付16：40）※季節により異なる
なし 無料、方丈庭園拝観有料

↑初々しい青もみじがいたる所に。荘厳な境内と青葉が織り成す古都ならではの夏景色に心が洗われる

琵琶湖疏水沿いをのんびりとウォーキング。記念撮影にピッタリな風情ある橋もかけられている

3 蹴上インクライン `14:30`

静かな廃線跡で初夏を感じる

琵琶湖疏水の舟運ルートにあり、高低差のある地形を越えるため、明治期に敷かれた傾斜鉄道跡。新緑がまぶしい、絵になる撮影ポイントだ。

住京都市左京区南禅寺福地町
時なし 休なし 料無料

↑奥行きのある構図が取れ、線路の両サイドにはまばゆいほどの新緑が

↑通年人気のリエージュ ワッフル（手前）、ドリップコーヒー（奥）
↑築100年以上の町家を再生。テラス席もある

1 ブルーボトルコーヒー 京都カフェ `12:05`

サードウェーブコーヒーの人気店

コーヒーブームの第3の潮流、サードウェーブの旗手が関西に。一杯ずつ丁寧にいれるフレッシュ＆香り高いコーヒーで、出発前にリラックス♪

住京都市左京区南禅寺草川町64
時8:00～18:00
休なし 席44席

`12:00`

Start

地東 蹴上駅

ここまでのアクセス

地烏京都駅より烏丸御池駅で東西線に乗り換え約17分 ￥260

↑大津と京都を結ぶ三条通にある蹴上駅からスタート

京都市動物園
琵琶湖疏水記念館
① ブルーボトルコーヒー 京都カフェ
仁王門通 八千代
第2期 蹴上発電所
京都
卍金地院
• 南禅寺
② 南禅寺水路閣
蹴上 ②出口
ねじりまんぽ
③ 蹴上インクライン
蹴上駅
↑第3トンネルの東側近くには日本最初の鉄筋コンクリート橋も

第3トンネル

4 天智天皇陵 `16:15`

参道に青もみじが茂る巨大古墳

天智天皇を祀る京都最古の御陵。青もみじに囲まれた約400mの参道を進んで、山科陵（やましなのみささぎ）と呼ばれる上円下方墳を見に行こう。

住京都市山科区御陵上御廟野町
☎075-541-2331（宮内庁月輪陵墓監区事務所）時8:30～17:15 休なし 料無料

↑巨大な八角墳で、墳頂部には八角に巡る石列が現存している
←青もみじが茂る参道に入ると、ひんやりとした空気が

2 南禅寺水路閣 `13:15`

青もみじと調和する水路閣

琵琶湖疏水の名所。荘厳な南禅寺の境内を通過するため、景観に配慮して設計されている。紅葉の名所ならではの美しい青もみじ越しに、重厚な姿を。

住京都市左京区南禅寺福地町86
☎075-771-0365（南禅寺）
時8:40～17:00（給水受付16:40）
※季節により異なる 休なし 料無料

↑橋脚は絶好の撮影スポット。顔をのぞかせれば、キュートな一枚が

第2トンネル 卍永興寺
広場
琵琶湖疏水
セブン-イレブン
④ 天智天皇陵
御陵
JR琵琶湖線
山科駅
グリルバード•
（ラクトA棟B2 1204号室）
京阪京津線
地下鉄東西線
143

ゴール後のお楽しみ

↑朝挽き若鶏のせせり 炭火焼き ↑彩り野菜の柑橘風味などアラカルトも充実

↑料理を引き立てる泡、白、赤、ロゼなど毎日約9種のグラスワインが登場

←こぢんまりとしたシックな店内。地下鉄山科駅の改札口の前にある好立地

グリルバード

焼鳥店やイタリアンで腕を磨いた店主が手がける。朝絞めの若鶏などを使う炭火焼きをアテにさまざまなワインが楽しめるとあって、女性にも好評だ。

住京都市山科区安朱桟敷町23 ラクトA棟B2 1204号室
☎075-582-5033
時17:30～23:00（LO22:00）、土・日・祝前日～23:30（LO22:30）
休ほか不定休あり（Instagramで要確認）
席18席

0 200m

`17:15`

Goal

Ｊ山科駅

帰りのアクセス

琵琶湖線新快速行で約5分
Ｊ京都駅へ ￥190

緑に囲まれて
ハイキング

KIBUNE KURAMA

貴船・鞍馬

きぶね・くらま

Goal	6	6	5	4	3	2	1	Start
叡山電車 貴船口駅	貴船神社（奥宮）	貴船神社（本宮）	木の根道	金堂（鞍馬寺）	多宝塔（鞍馬寺）	仁王門（鞍馬寺）	多聞堂	叡山電車 鞍馬駅
	約40分	約15分	約30分	約30分	約15分	約2分（ケーブルカー含む）	約3分	約3分

伝説や神話が数多く残る、歴史ロマンあふれる京都の奥座敷、貴船・鞍馬エリア。おすすめは幼少期の源義経が修行したという伝説が残る奥の院参道。霊宝殿や魔王殿などのお堂が立つ新緑の道を歩けば、霊山の持つ神秘のパワーを全身で感じることができる。清らかな水が流れる貴船川沿いの道も、木陰が多くて気持ちいい。

96

龍の息吹に包まれた森で元気回復＆運気上昇ハイク

貴船神社
きふね

新緑の石段を抜けて本宮へ

雲を呼び、雨を降らせ、陽を招き、降った雨を地中に蓄えさせて、それを少しずつ湧き出させるなど、水の循環をつかさどる神・龍神を祀る神社。龍神の加護のもとで育った森らしく、新緑の時期にはみずみずしい葉が陽射しを受けて、鮮やかに輝く。真っ赤な春日灯籠とのコントラストを楽しみながら参道の石段を上り、ご神木のカツラの木を目指そう！

↑↑↑急流は貴船大神のご神威の象徴
↑↑境内には、ご神水に浮かべると運勢が浮かび上がる水占みくじもある
↑奥宮にある連理の杉は夫婦円満のご利益あり

本宮へと続く石段は天然のサンシェードにおおわれた快適な参道。柔らかな陽射しと新緑の香りを楽しみながらのんびり上ろう

金堂前まで無事到着！

4 金堂（鞍馬寺） 10:45

牛若丸&天狗伝説が残る霊山の寺

京都の北方を守護する寺として信仰されていた、鞍馬弘教の総本山。少年期の源義経（牛若丸）が天狗と修行した場所として知られ、境内には牛若丸ゆかりの場所が点在。動植物の標本や寺宝などが展示される霊宝殿もある。

囧京都市左京区鞍馬本町1074
☎075・741・2003 ⏰9：00～16：15、霊宝殿は～16：00⏰霊宝殿は火（祝の場合翌日）
💴拝観有料

コースDATA

歩行距離	約5km
歩行時間	約2時間20分
らくらく度	楽 ├─┼─★─┤ 難
備考	登り中心の行程だが、きついのは鞍馬寺金堂へと続く階段のみ。木の根道は足元に注意しよう

問い合わせ先
貴船神社 ☎075・741・2016
鞍馬寺 ☎075・741・2003

➡水の神様を祀る本殿金堂の右隣にある閼伽井護法善神社（あかいごほうぜんじんしゃ）

⬅「金剛床」と呼ばれる石畳で鞍馬山の教えの理想を表現する。ここで深呼吸し、パワーを授かろう

⬅本殿金堂に広がる前庭は、洛北の山々が一望できる

⬆鞍馬駅を降りると巨大な天狗の面がお出迎え。写真は一代目。現在は二代目

⬅ご本尊が降臨したと伝わる「翔雲台（しょううんだい）」

⬆日本一短い鉄道・鞍馬山ケーブルの終着駅からすぐの小高い場所に立つ、朱色も鮮やかな多宝塔

3 多宝塔（鞍馬寺） 10:25

緑と朱色のコントラストに感動

元は本殿東側にあったが1814年に焼失。1960年に、鞍馬山の開創1,200年事業の一環としてこの地に再建された。塔内には舎利宝塔と千手観世音、毘沙門天王、護法魔王尊の三尊像が安置されている。

ケーブルカーも運行する

多宝塔へはケーブルカー

⬆仁王門から多宝塔までは鞍馬山ケーブルも運行する。ケーブル山門駅から20分間隔で出発し、多宝塔駅までの所要時間は約2分
⏰8：40～16：20の15～20分間隔で運行
⏰なし💴片道￥200

1 多聞堂 10:03

散策中のエネルギー補給に！

鞍馬寺の門前町にある茶店。トチの実を餅米と一緒に混ぜた生地でこしあんを包んだ牛若餅はここの名物。あんこはすぐにパワーに変わるから、散策前に買って、疲れた時にパクリと食べよう。店内ではドリンクとセットでも楽しめる。

囧京都市左京区鞍馬本町235
☎075・741・2045
⏰9：30～16：00
⏰水（祝の場合翌日）
🪑12席

⬆牛若餅（右）と、粒あんとヨモギの風味がよく合う蓬だんご（左）

⬅緑に映える荘厳な仁王門。左右には毘沙門天の使いであると言われる神獣、阿吽の虎が鎮座している⬇仁王門、普明殿、奥の院参道入口、西門の4カ所で杖を無料貸出。使用後はいずれかに要返却

2 仁王門（鞍馬寺） 10:15

結界を越えて霊山へ参拝

鞍馬寺の山門で、1891年に焼失し、1911年に再建された。俗界から鞍馬山の浄域への結界。中に祀られている仁王尊像は、仏師の大家・湛慶作と伝えられている。邪心を捨て、身心共に清浄にして入ろう。

↑天に向かって伸びるご神木のカツラの木。触れると運気も上昇

6 貴船神社 11:50

龍神と縁結びの神を祀る

創建年代不詳ながら、伝説ではおよそ1,600年前に創建されたとされる古社。水の循環をつかさどる神を祀り、古くから雨乞いの社として信仰される。良縁祈願にもご利益があると言われ、女性参拝者にも人気が高い。

📍京都市左京区鞍馬貴船町180
📞075・741・2016
🕐6:00～20:00、
授与所9:00～17:00
休なし／境内無料

● 6 貴船神社（奥宮）

貴船川

相生の大杉

結社

料理旅館 ひろ文

貴船 右源太
貴船倶楽部
貴船 仲よし

貴船ひろや

貴船神社で
良縁祈願！

● 6 貴船神社（本宮）

卍魔王殿

西門

KIFUNE
COSMETICS
& GALLERY

貴船
※貴船口まで京都バス
（片道¥160）も運行

僧正ガ谷不動堂

361

大杉権現社

ギャラリー＆カフェで ちょっと休憩

KIFUNE COSMETICS & GALLERY

貴船の名水から誕生したコスメの、「KIFUNE COSMETICS」の基幹店。コスメの販売を行うほかに、家具や地元の職人と芸術家が作り出す作品を展示・販売するギャラリーカフェだ。パワースポットとして知られる貴船の水で清められたパワーストーンのアクセサリーもある。

📍京都市左京区鞍馬貴船町27
📞075・741・1117
🕐11:00～17:00※季節により延長あり
休不定休園8席

↑柑橘系の香りが特徴の貴船石鹸

貴船川

5 木の根道 11:20

杉林の中に現れる大自然の奇観

奥の院参道にある道。岩盤が地表近くまで迫り、木の根が地中深く入り込むことができず、地表に露出した状態に。ここで牛若丸が跳躍の稽古をしたという言い伝えも残っている。根が傷むので踏まないように注意して歩こう。

電車からの
景色も抜群

↑大木の根が地表に張り巡らされた景観は、どこか神秘的な雰囲気

5 木の根道

牛若丸息つぎの水
鞍馬山霊宝殿

開伽井
護法善神社
九十九折参道
由岐神社

金堂（鞍馬寺）

多宝塔

3 多宝塔（鞍馬寺

鞍馬山ケーブル

山門
雍州路

歓喜院
（修養道場）

2 仁王門
（鞍馬寺

巨大な天狗の面
鞍馬駅

1 多聞堂

鞍馬川

38

0　　200m

↑出町柳駅～鞍馬駅間を走る叡山電車「展望列車 きらら」見晴らし抜群

叡山電鉄鞍馬線

貴船口

貴船口駅

Goal 15:00

叡山電車 貴船口駅

帰りのアクセス
叡山電車貴船口駅より約30分、出町柳駅へ、出町柳駅より特急で約55分、淀屋橋駅へ　¥960

38

↑鞍馬川に沿って走る叡山電車鞍馬線。木々の合間から鞍馬川を眺められる

Start 10:00

叡山電車 鞍馬駅

ここまでのアクセス
淀屋橋駅より特急で約55分、出町柳駅へ、叡山電車出町柳駅より約30分、鞍馬駅へ　¥960

↑駅舎は寺院風の木造建築。ここから鞍馬寺の仁王門まで徒歩6分だ

Course 37

滋賀・高島

歩くのは 約1時間40分

緑に囲まれてハイキング

METASEQUOIA NAMIKI

メタセコイア並木

めたせこいあなみき

マキノ高原のふもとに広がる関西随一の並木道を歩く

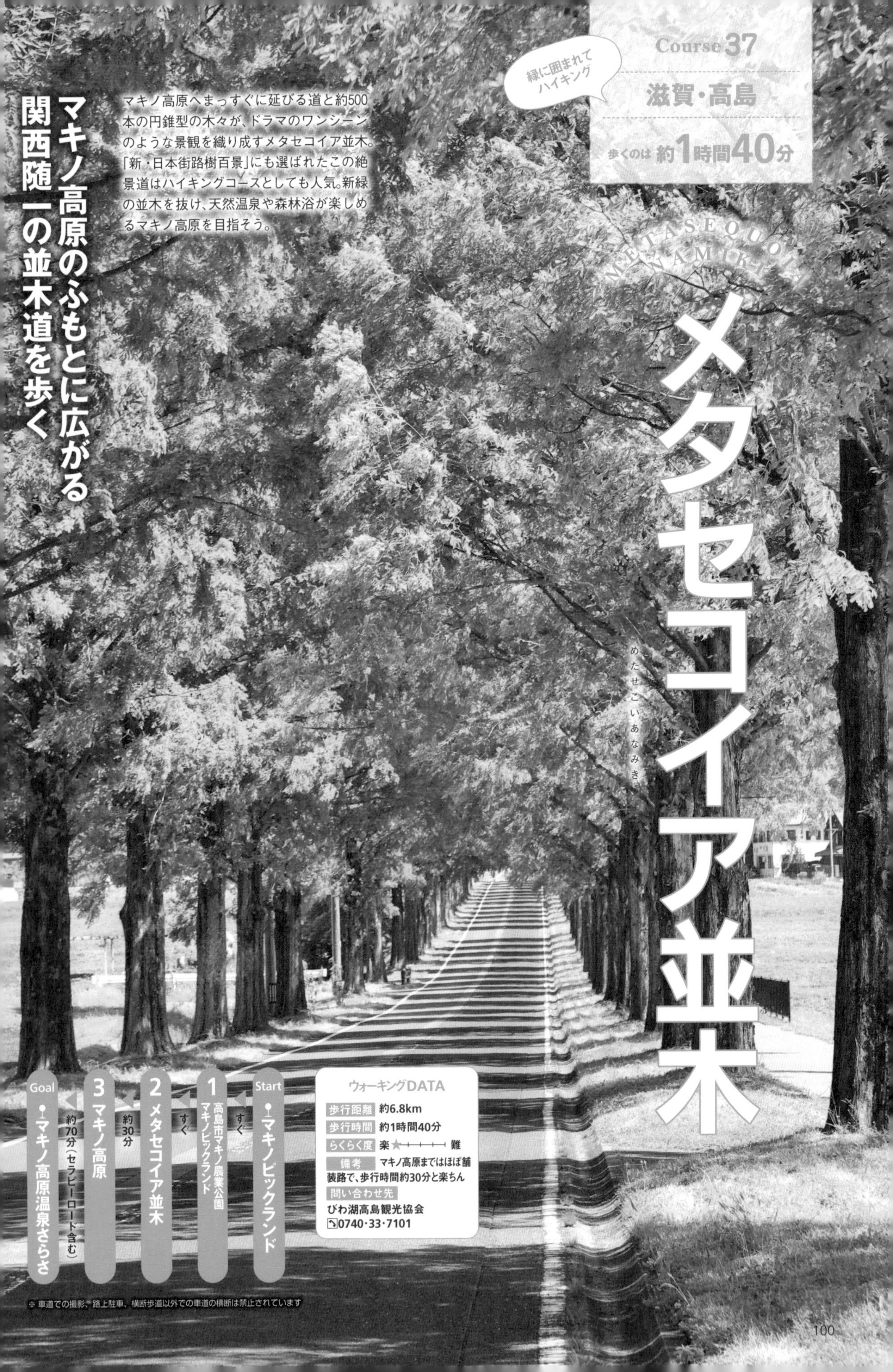

マキノ高原へまっすぐに延びる道と約500本の円錐型の木々が、ドラマのワンシーンのような景観を織り成すメタセコイア並木。「新・日本街路樹百景」にも選ばれたこの絶景道はハイキングコースとしても人気。新緑の並木を抜け、天然温泉や森林浴が楽しめるマキノ高原を目指そう。

Start マキノピックランド
◀ すぐ
1 高島市マキノ農業公園マキノピックランド
◀ すぐ
2 メタセコイア並木
◀ 約30分
3 マキノ高原
◀ 約70分（セラピーロード含む）
Goal マキノ高原温泉さらさ

ウォーキングDATA

歩行距離 約6.8km
歩行時間 約1時間40分
らくらく度 楽★ー ー ー ー 難
備考 マキノ高原まではほぼ舗装路で、歩行時間約30分と楽ちん
問い合わせ先 びわ湖高島観光協会 ☎0740・33・7101

※ 車道での撮影、路上駐車、横断歩道以外での車道の横断は禁止されています

多目的運動場

❸ マキノ高原

グラウンドゴルフ場

マキノ高原
温泉さらさ

調子ヶ滝

ヨキトギ川

マキノ高原温泉さらさ

ここから先の
コースは右の
マキノ高原園内
MAPをチェック！

15:13 Goal

📍マキノ高原
温泉さらさ

帰りのアクセス

湖国バスマキノ駅行約23分、
🚃マキノ駅より姫路行新快
速約97分、🚃大阪駅へ
💴¥2,200

\ ジェラートが人気♪ /

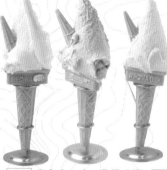

➡️マキノ高原への案
内板を左折し高原に
向かって（略）の（略）
道を30分ほど歩く

➡️常時5.6種（右からマキ
ノ茶、マロン、バニラ）のジェ
ラート（シングル）。果樹
園のフルーツを使った期間
限定メニューも

1 高島市マキノ農業公園 11:10
マキノピックランド

メタセコイア並木前の施設

味覚狩りやグラウンドゴルフなどが楽しめる入園
無料の農業公園。メタセコイア並木の目の前に
あり、人気のジェラートで、ハイキング前にひと休み。

🏠高島市マキノ町寺久保835-1
📞0740・27・1811📅9:00～17:00
🈺水（祝の場合翌日）💴入園無料

⬆️高島の特産品やみやげ物、ジェ
ラートを販売するセンターハウス

➡️グラウンドゴルフ
や高原風景を望む園
内。ベンチでジェラ
ートを

❷ メタセコイア並木

➡️メタセコイア並木を一
望できる絶景カフェでは、
クロッフルやスイーツ、
軽食などさまざまなメ
ニューが味わえる
🕙10:30～16:00、
⊕日曜～16:30
🪑60席

マキノピックランドでは
サクランボ狩りもできる！

🍒サクランボ狩り
期間：5月下旬～6月中旬

初夏から秋にかけて味覚狩り
が楽しめるマキノピックラン
ド。5月下旬からはサクランボ
狩りがスタート。みずみずしい
サクランボが30分食べ放題。

➡️サクランボ狩りはビニールハ
ウスなので、雨天もOK。6月中
旬からはブルーベリー狩りも
※30分食べ放題

0 100m

3 マキノ高原 12:50

風と緑が気持ちいい高原を散策

天然温泉やキャンプ場などを備えたレ
ジャー高原。高原内を流れるヨキトギ川
に沿ってセラピーロードも整備され、森
林ハイキングも楽しめる。

🏠高島市マキノ町牧野931
📞0740・27・0936
（マキノ高原管理事務所）
🕗8:00～17:00🈺なし
💴美化協力金必要

「マキノ高原」
への案内板

森林ロードを
ウォーキング

⬆️高原内に整備
された約1.3kmの
セラピーロード。
往復約50分

➡️ヨキトギ川に
かかる橋などを
渡って歩こう

➡️セラピーロー
ドのゴールとな
る「調子ヶ滝」

マキノ高原園内MAP

調子ヶ滝
三本杉
カタクロ
ドウ橋
シラカバの空間
アマゴ橋
セラピーロード
桜の
並木道
セラピーロード起点・終点
ハイランド
アリーナ
マキノ高原温泉さらさ
くつろぎの空間
高原ゾーン
ヨキトギ川
カジカ橋
マキノ高原温泉さらさ
管理事務所

\ 緑の温泉も！ /

⬆️高原内にある日帰り温泉施設「マキノ高原
温泉さらさ」。水着浴のバーデゾーンでは屋外
ジャグジーやウォーキングプールなどが楽し
める。📞0740・27・8126🕙10:00～21:00（最終受
付20:30）🈺第2・4水（祝の場合翌日）※12～3月
は水（祝の場合営業）、12～3月の平日（月）～（金）
はバーデゾーン休業

2 メタセコイア 12:00
並木

メタセコイアが織り成す絶景道

マキノ高原への約2.4kmの道に約500
本のメタセコイアの並木が広がる。ま
っすぐに伸びる道と円錐形の木々が織
り成す左右対称の絶景は見もの。

🏠高島市マキノ町蛭口～牧野
📞0740・27・1811（マキノピックランド）
🕙観覧自由🈺なし💴観覧無料

⬆️読売新聞社の「新・日
本街路樹百景」にも選ば
れた人気スポット

⬆️初夏の新緑から秋の紅葉、冬の雪景色と
四季折々の表情を見せるメタセコイア並木。
マキノ高原までゆっくり歩いて30分ほど

SNS映え
しそうな
所がいっぱい

11:06 Start

📍マキノピックランド

ここまでのアクセス

🚃大阪駅より敦賀行新快速
約95分、🚃マキノ駅より湖国
バスマキノ高原行約6分
💴¥2,200

⬆️マキノピックランド駐
車場横にあるバス停

📍マキノピックランド

🅿️
● ❶ 高島市マキノ農業公園
マキノピックランド

↓🚃マキノ駅

緑に囲まれて
ハイキング

歩くのは 約**1**時間**40**分

HOZUGAWA~ARASHIYAMA

ほづがわ～あらしやま

保津川～嵐山

苔庭を青もみじがおおう
紅葉の名所が初夏は緑一色に

Ⓐ「平家物語」にも登場する尼寺の祇王寺には、初夏に見ごろを迎える苔むした庭が。静かに生い茂る青もみじも美しさに花を添えるⒷ嵯峨から亀岡まで、保津川渓谷沿いの7.3kmをガタゴト走る、嵯峨野観光鉄道 トロッコ列車。トロッコ保津峡駅では、ホームからレトロな車両が見られるのでチェックしようⒸ祇王寺の草庵。靴を脱いで上がれば、奥に見える吉野窓からののんびりと緑が観賞できるⒹ平安時代から厄よけの寺として信仰を集めている愛宕念仏寺では、苔におおわれた愛らしい1,200体の羅漢像がお迎え。お気に入りの羅漢さんを探してみよう

ハイキングDATA

歩行距離 **約7km**	歩行時間 **約1時間40分**

らくらく度 **楽** ├─┼─**★**─┼─┤ **難**

トロッコ保津峡駅から愛宕念仏寺までの山越えが難関。車も通るので、歩行時は注意を

問い合わせ先 **なし**

Goal	3	2	1	Start
Ⓙ嵯峨嵐山駅	祇王寺	愛宕念仏寺	嵯峨野観光鉄道 トロッコ保津峡駅	Ⓙ保津峡駅
	約25分	約20分	約40分	約15分

いたる所が真っ赤に染まる紅葉の名所は、初夏にはカエデが青々と生い茂る絶好のウォーキングスポットに。透き通るように美しい青もみじだけでなく、非日常感に癒される苔むした境内や壮大な渓谷美など、ルート上には素晴らしい景色が点在するので、のんびりとゴールを目指そう。

1 嵯峨野観光鉄道 トロッコ保津峡駅 `13:35`

タヌキの待つ駅から出発!

保津川にかかるつり橋を渡ると、信楽焼のタヌキが迎えるトロッコ保津峡駅に到着する。写真を撮る時など、線路近くに行かないよう安全に注意しながら行なって。

国京都市西京区嵐山北松尾山
☎075・861・7444
（嵯峨野観光鉄道テレフォンサービス）
▽連賃片道￥880

↑↑つり橋の上から、木造の駅舎をパシャリ↑ホームでは巨大なタヌキと一緒に記念撮影を

↑1,200体の石造りの羅漢像が並ぶ
←ふれ愛観音堂には心身の痛みを癒してくれる観音様も。優しく触れて、足の疲れを癒してもらおう

2 愛宕念仏寺 `14:30`

豊かな表情の羅漢像に癒される

静かな境内に、参拝者の手によって彫られた千二百羅漢が鎮座し、表情豊かな羅漢さんをファインダー越しにめでて、癒しのひと時を過ごそう。

国京都市右京区嵯峨鳥居本深谷町2-5
☎075・285・1549 **⏰**8:00～16:30
困なし **▽**拝観有料

↑愛宕念仏寺からしばらく進むと、お店が並ぶ趣のある石畳が

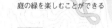

↑草庵からは風情ある吉野窓越しに庭の緑を楽しむことができる

3 祇王寺 `15:40`

青もみじが映える静かな苔庭

「平家物語」の悲恋を伝える尼寺で、紅葉の名所としても有名。苔と青もみじが織り成す空間は、シャッターを切るのを忘れるほどの美しさ。

国京都市右京区嵯峨鳥居本小坂町32
☎075・861・3574 **⏰**9:00～17:00（最終受付16:30）**困**なし **▽**拝観有料

↑鳥のさえずりや水琴窟の澄んだ音色が静かな苔庭に響く

`17:00` **Goal**

Ⓙ嵯峨嵐山駅
帰りのアクセス
嵯峨野線京都行で約16分
Ⓙ京都駅へ
▽￥240

（地図中の表記）
清滝
清滝川
② 愛宕念仏寺●
137
50
嵐山・高雄パークウェイ
嵯峨野観光鉄道 トロッコ列車
① 嵯峨野観光鉄道 トロッコ保津峡駅
亀岡駅
保津川
JR嵯峨野線
保津峡駅
50
③ 祇王寺●
二尊院 卍
常寂光寺 卍
嵯峨小
29
嵯峨嵐山駅
京都駅
トロッコ嵯峨
野宮神社 卍
法然寺
トロッコ嵐山
天龍寺 卍
嵐電嵯峨
135
嵐電嵐山本線
茶寮 八翠
嵐山 大善
渡月橋
桂川
法輪寺 卍
嵐山
嵐電嵐山線

0 ─ 200m

`13:15` **Start**

Ⓙ保津峡駅
ここまでのアクセス
Ⓙ京都駅より嵯峨野線
亀岡行で約21分
▽￥240

↑風情ある無人駅。ホームの下には保津川が

↑静かな山間を進む。余裕があれば、清滝方面へ足を延ばして

ゴール後のお楽しみ

嵐山 大善

おめでたい席で供される京寿司が気軽に楽しめる。和歌山を中心に毎日届く近海の天然魚と、熟練の技で仕上げる特別な寿司は、歩いたごほうびにピッタリ♪

国京都市右京区
嵯峨伊勢ノ上町10-3
☎075・882・0018
⏰12:00～19:30(LO)
困火（祝の場合営業）**席**18席

↑旬魚や焼きアナゴなど、具材たっぷりの京ちらし。鯖寿司2切れも好評
←昭和レトロな落ち着ける空間

茶寮 八翠

保津川沿いの高級ホテル「翠嵐 ラグジュアリーコレクションホテル京都」内にあるカフェ。築100年以上の歴史的建造物の風情を生かした店内には絶景のテラス席も。

国京都市右京区嵯峨天龍寺芒ノ馬場町12 翠嵐 ラグジュアリーコレクションホテル 京都内
☎075・872・1222 **⏰**11:00～17:00
困なし **席**40席

↑ホテルオリジナル抹茶「山風」と本葛を使った甘味・翡翠もち
←窓からは絶景が!

美しい渓谷、保津川沿いも見どころ満載

日本庭園にプラタナス並木など巨大公園の魅力を再発見！

万博記念公園

BAMPAKU KINEN KOUEN

↑「梅林」の中の風情ある竹林。中央口の西側に広がり、竹林からひょっこり顔を出しているような、太陽の塔が撮影できる
→「どんぐり池」から流れるせせらぎなど、園内は涼しげなスポットも満載

ハイキングDATA

歩行距離 約8.5km

歩行時間 約1時間50分

らくらく度 楽 ├─┼─★─┼─┤ 難
園内はほぼ平坦で歩きやすい。トイレと自販機も多数点在

問い合わせ先
万博記念公園コールセンター
☎06・6877・7387

西口とせせらぎ広場を結ぶ「西大路」。石畳の道約360mの両側を、数多くのプラタナスが彩る並木道。秋（11月上旬〜下旬）の紅葉も見事だ

©万博記念公園マネジメント・パートナーズ

Goal 山田駅

約10分

4 源気温泉 万博おゆば

約60分

3 日本庭園

約10分

2 チューリップの花園 自然文化園

約20分

1 夏の花八景 自然文化園

約10分

Start 大阪モノレール 万博記念公園駅

大阪万博の跡地に整備された万博記念公園（要入園料）。甲子園球場約65個分の広さの園内には自然文化園などのさまざまな施設があり、ハイキングコースとしても人気。石畳の道にプラタナスの木々が続く「西大路」から、和の神髄「日本庭園」、花畑など多彩な景観の園内を散策。最後は温泉で疲れを癒すのがおすすめ。

104

③ 日本庭園 `11:20`

日本の造園技術の集大成

日本万国博覧会時に日本の造園技術の粋を集めて造られた名園。東西約1.3km、南北約200mの細長い地形の園内は、西から東へ流れるせせらぎに沿って上代から中世、近世、現代の4つの造園様式を取り入れている。わび、さびの世界を感じられる昭和の名庭園を散策。

吹田市千里万博公園内
9:30～17:00(最終入園16:30)
水(祝の場合翌日、4月～GW、10・11月は開園)
有料

↑園内最大の心字池。真上から見ると「心」の文字の形をしている

↓8つの各庭では宿根草をメインに一年草、中低木の数多くの花や草木を栽培している

① 夏の花八景（自然文化園） `10:10`

季節の花が満開の癒しスポット

色鮮やかな夏の花や草木を集めた花スポット。旧ラベンダーの谷を整備した約7,800㎡の敷地内は、8つのテーマの庭から形成。玄関口となる一の景「誘いの道」から、木陰のベンチより園全体を見上げる八の景「真空テラス」まで夏の花を満喫しよう。

疲れたら広場で休憩♪

④ 源気温泉 万博おゆば

③ 日本庭園

② チューリップの花園（自然文化園）

ソラード「森の空中観察路」（自然文化園）

① 夏の花八景（自然文化園）

野鳥の森／水鳥の池／国立民族学博物館／わくわく池の冒険ひろば／せせらぎ広場／自然文化園／西大路／展望タワー／遠見の丘／もみじの滝／自然観察学習館／どんぐり池／茶つみの里／森の足湯／梅林／生産の森／水すましの池／日本庭園前ゲート／大地の池／日本庭園正門／平和のバラ園／心字池／はす池／大阪日本民芸館／夢の池／夢の池サイクルボート／お祭り広場／バーベキューコーナー／休憩所／エキスポみらいgo!／太陽の塔／太陽の広場／中央休憩所／EXPO'70パビリオン／やったねの木／世界の森／迎賓館／北口／西口／東口／東の広場／大阪モノレール彩都線／公園東口

中国自動車道／万博記念公園駅／大阪モノレール／中国吹田IC／万博おもしろ自転車広場

200m

阪急千里線／山田駅／EXPOCITY／ファミリーマート

Goal `17:00`
㊙山田駅
帰りのアクセス
㊙千里線で約15分、淡路駅で京都線に乗り換え約10分、梅田駅へ ¥280

Start `10:00`
大阪モノレール 万博記念公園駅
ここまでのアクセス
㊙梅田駅より約21分、千里中央駅で大阪モノレール門真市行に乗り換え約10分 ¥630

---

② チューリップの花園（自然文化園） `10:50`

春夏の花が太陽の塔を飾る花畑

太陽の塔の西側に広がる花畑。春はチューリップ(4月上旬～下旬)、夏はヒマワリ(7月下旬～8月下旬)で彩られる。チューリップは約37品種、約80,000本、ヒマワリは約23品種、約12,000本が咲き誇る。

↑太陽の塔の後ろ側と花畑を一緒に撮影できる人気スポット

④ 源気温泉 万博おゆば `14:00`

万博のスパ銭で癒されよう

万博公園の一角にあるスーパー銭湯。広大な露天エリアには療養泉にも認定されている茶褐色の名湯も。19年にオープンした露天炭酸泉は四季折々の風を浴びながら気持ちよくつかれる。心と体を癒してくれる新しい風呂だ。

吹田市千里万博公園11-11
06-6816-2600
10:00～翌1:00(最終受付24:00)
なし

↑源泉100%が楽しめる露天風呂。ボディソープ、シャンプー、リンス完備

森の絶景を見下ろす 空中散歩道も人気

ソラード「森の空中観察路」（自然文化園）

高さ3～10mの空中散歩が楽しめる、全長約300mの自然観察路。つり橋や網の歩廊、展望タワーなどから、40年以上の年月を経て成長した森を観察しよう。

吹田市千里万博公園 自然文化園内
9:30～17:00(最終入園16:30)
水(祝の場合翌日、4月～GW、10～11月は開園)

↑揺れる網の歩廊を抜けると展望タワーへ。園内で一番高い場所となる頂上からは園内や周辺の景色を360度楽しめる
標高82m、高さ19mの展望タワー

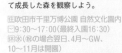

↑自然観察学習館横にある木登りタワー。ここを登ってソラードの入口

↑高さ13.5mの木登りタワー。ここを登って空中観察路へ

↓鳥の声や風の音、虫の声などの森の音が聞こえる森の集音器

→3面には
られた鏡が
木々の像を
反射し合う
森の万華鏡

→森の万華鏡での
ぞいた森の景色

緑に囲まれて
ハイキング

歩くのは 約**2時間55分**

ハイキングDATA

歩行距離	約8km
歩行時間	約2時間55分
らくらく度	楽 ├─★─┼─┤ 難
備考	国道168号線は一部歩行者専用道がないので車に注意。園内は坂道や階段も多い
問い合わせ先	大阪府民の森 ほしだ園地 ☎072・891・0110

OSAKAFUMIN NO MORI
HOSHIDAENCHI

大阪府民の森

ほしだ園地

おおさかふみんのもり　ほしだえんち

七夕伝説の地で森林＆絶景ハイク
地上50mのつり橋で空中散歩！

七夕伝説発祥の地と言われる交野周辺は、星にまつわる地名が多く、このほしだ園地もその一つ。約105万㎡の園内には本格的なハイキングコースが整備され、多くのハイカーが訪れる。人気は「星のブランコ」と呼ばれるつり橋。国内最大級の長さを誇るつり橋は、足元に森林が広がりスリルと大パノラマが一緒に楽しめる。

↑紅葉の名所としても人気のほしだ園地。カエデやコナラなどが11月下旬に見ごろになる

園内の中央にあるつり橋の「星のブランコ」は、ハイキングの最大のお楽しみ。両岸に設置されるベンチから見るだけでもその迫力がわかる

Goal
🚃私市駅
◀ 約90分

4 展望スポット
◀ 約15分

3 交野吊橋 星のブランコ
◀ 約15分

2 ピトンの小屋 園地案内所
◀ 約5分

1 森林鉄道風歩道橋
◀ 約50分

Start
🚃私市駅

1 森林鉄道風 歩道橋 `9:50`

緑に囲まれた空中歩道で園内へ

ほしだ園地の駐車場から園内（ピトンの小屋）まで続く全長約200mの木製歩道橋。最大地上高10mの場所にかけられた歩道橋は、まるで森林の中を走る鉄道の線路のよう。

↑緑のトンネルを抜ける歩道橋。木々の隙間からは天野川の景色も望める

3 交野吊橋 星のブランコ `10:50`

スリル満点の国内最大級のつり橋

ほしだ園地のシンボル的なつり橋。全長約280m、最大地上高約50mのスケールは、木床板人道つり橋としては国内最大級。足元には園内の森林が広がる。

↑利用時間に制限があるので注意
⏰9:30〜16:30困なし

4 展望スポット `11:15`

園内随一の眺望スポット

星のブランコを渡って10分ほど歩いた場所にある展望台。ここは星のブランコをはじめとする園内はもちろん京都の市街地まで見渡せる園内一番の眺望スポット。

↑谷側に突き出るよう設置された展望台。大パノラマな景色を眺めながら食べるお弁当は最高

9:00 14:00

Start & Goal

京 私市駅

ここまでのアクセス

京淀屋橋駅より特急で約21分、枚方市駅で交野線に乗り換え約13分
🚃片道￥390

京阪交野線の終点の私市駅。ハイキングをイメージする山小屋風の造り

京阪交野線

私市駅

日の出橋

↑京私市駅から国道168号線を渡って、日の出橋手前の川沿いの遊歩道を左折

公立大学法人
大阪市立大学理学部
附属植物園

八幡橋

星の里いわふね

かわぞいの路

↑人工壁の「クライミングウォール」。初心者対象の体験講習会（要予約）なども実施。橋には自由に遊べるミニクライミングウォールも

天野川

ほしだ園地
ゲート

↑八幡橋を渡って「かわぞいの路」へ。ほしだ園地まで天野川沿いをハイキング

168

正面入口
（ゲート）

P

1 森林鉄道風 歩道橋

ぼうけんの路

クライミング
ウォール

↑「森林鉄道風歩道橋」。坂道の途中には小川などが見える

3 交野吊橋 星のブランコ

わんぱく広場

さえずりの路

おねすじの路

2 ピトンの小屋（園地案内所）

オカトラノオ
群生

つつじの小径
ヤッホーポイント

らくようの路

4 展望スポット

コナラを主とした
落葉広葉樹林

↑展望台からハイキングした場所にある「ヤッホーポイント」。向かいの山に山彦がこだまする

やまびこ広場

ハツ橋

0 100m

↑「ぼうけんの路」へ右折。階段などもありちょっとした登山気分も味わえる

2 ピトンの小屋（園地案内所）`10:00`

コースや見ごろの植物をチェック

インフォメーション機能を持つ園内の総合案内所。館内ではハイキングコースの案内や園内の自然などを紹介。休憩スペースなども備える。

↑館内は冷暖房を完備している。自動販売機もあるので休憩するのに最適

🏠交野市星田5019-1
⏰9:00〜17:00
困なし
¥入館無料

喫茶かんぴ

紅葉シーズンに行きたい 北摂No.1人気の山

↑東海自然歩道を進むと見えてくる本山寺。京都の鞍馬寺、奈良の朝護孫子寺と共に「日本三毘沙門天」とされている。ここから60分ほど登ると頂上に到着!

※善峯寺バス停は 1/6〜2月末運休

0 1km

ポンポン山（標高678.7m）
善峯寺分岐峠 卍善峯寺 208
夫婦杉
本山寺卍 勧請掛
西山天王山
新名神高速道路 川久保への分岐
神峯山寺卍 いこいの広場
6 神峯山の森自然園
神峰山口
京都縦貫自動車道
長岡京IC
阪急京都線
名神高速道路
JR京都線
大山崎
79
171
島本
①高槻駅、⑧高槻市駅

山寺から続く山道の先にあり、標高は678.7m。山頂で足踏みすると「ポンポン」と音がすることからその名前が付いたと言われ、古くは加茂勢山と呼ばれていた。コース中には神峯山寺、本山寺、善峯寺の3つの寺があり、秋の美しい紅葉も見どころの一つ。山頂からは大阪平野から京都市内までの眺望が楽しめる。

Course 41
大阪・高槻
ポンポン山

図高槻市川久保 ⊠入山自由 なし
無入山無料
交①高槻駅より市バス原大橋行約17分
↑神峰山口から徒歩20分で神峯山寺

↑標高も高くなく、一年を通して気軽に登れるのでハイキング初心者からも人気が高い

〜ハイキングDATA〜
標高	678.7m
歩行距離	約11km
歩行時間	約4時間
らくらく度	👣👣👣👣👣
トイレ	善峯寺バス停、本山寺、神峯山寺など
備考	高槻駅周辺に観光案内所やコンビニなどがある
問い合わせ先	☎高槻市役所 072・674・7111

巨岩と歴史ロマンが待つ 修験道の山を登る

↑磐座を思わせる巨石が点在する広々とした山頂から、360度の大パノラマを満喫。付近には今でも旧寺の礎石や石垣が残り、山岳信仰の中心だったことをうかがわせる

横尾山 (785m)
笠山 (719m)
剣尾山 (784m)
六地蔵
173
頂上広場
登山口
行者山 (469m)
能勢温泉 行者堂
玉泉寺卍
0 0m
森上、能勢電鉄山下駅

丹波国境にそびえ立つ北摂第一の峻峰で、「ツキガミネ」とも呼ばれる。美しい山容と展望のよさも有名で、登山口から山頂までが片道約120分という「ちょうどよさ」も、初心者からベテランまで幅広い登山客をひき付ける理由の一つ。山麓には迫力ある巨岩が点在し、山頂からは天気がよければ京都・亀岡までを見渡せる。

Course 42
大阪・能勢町
剣尾山

図豊能郡能勢町 ⊠入山自由
なし 無入山無料
交能勢電鉄山下駅より阪急バス73・74系統約18分
↑森上から徒歩15分で登山口

↑大日如来が刻まれている巨大な「大日岩」など、巨岩と巨木が並ぶ勇壮な景色に圧倒される

〜ハイキングDATA〜
標高	784m
歩行距離	約11km
歩行時間	約3時間
らくらく度	👣👣👣👣👣
トイレ	登山口などにあり
備考	山下駅周辺に売店などがある
問い合わせ先	☎能勢町観光ガイドの会 072・731・3737

→剣尾山の山頂にはベンチがあるので、休憩やランチタイムにおすすめ

→登山口近くにある「能勢温泉」では日帰り入浴が可能。登山の疲れを癒やして

奈良時代の要所だった 高安山へGO！

↑高安山駅近くにある展望台からは、椅子に座って大阪平野を一望できる

ケーブルカーDATA

料金片道￥560 乗車時間約7分 運行時間高安山行 始発9：30、最終17：05、次発（10：25）以降は40分間隔で運行 ☎050・3536・3957（近鉄電車テレフォンセンター）

Course 44

大阪・八尾

高安山

れながら、高安山頂へひとっ飛び。高安山駅横に展望台があるので、眺望を堪能したら毘沙門天を祀る「信貴山 朝護孫子寺」を目指そう。天理市内などから見渡すことができる本堂からの景色も必見。

トラのヘッドマークが付いた近鉄西信貴ケーブルに揺

〜ハイキングDATA〜

標高	約487m
歩行距離	約5km
歩行時間	約3時間
らくらく度	👣👣👣👣👣
トイレ	近鉄西信貴ケーブル信貴山口駅、高安山駅、信貴山 朝護孫子寺境内にあり
備考	服部川駅周辺と信貴山口駅周辺に売店あり

住八尾市服部川・奈良県生駒郡平群町久安寺など
交近鉄信貴山口駅よりすぐで近鉄西信貴ケーブル信貴山口駅

家族連れにもぴったり！ 低山ハイクで気分爽快

↑ウォンバットやワラビーなどが見られる「五月山動物園」は入園無料

↑川西市内を中心にした絶景を楽しめる五月台は、秀望台と愛宕神社の中間付近に。近くに駐車場もあり、近年は夜景の美しさでも有名だが、夜道は見通しが悪いので足元に注意して

Course 43

大阪・池田

五月山

高約315mの低山で、山道が整備された登山コースは8コースあり、どのコースからも美しい風景を眺められる。「五月山動物園」から五月台を目指す大文字コースと、子供連れにぴったりなひょうたん島を通るコースがハイキング初心者にはおすすめ。

〜ハイキングDATA〜

標高	315m
歩行距離	約6km
歩行時間	約1時間
らくらく度	👣👣👣
トイレ	登山ルート各所にあり
備考	公園総合案内所に売店などがある
問い合わせ先	池田市観光案内所 ☎072・737・7290

住池田市綾羽2-5-33（五月山公園総合案内所）
時入山自由
料なし 入山無料
交⑨池田市駅より徒歩15分で五月山公園入口

琵琶湖のパノラマを ユリとコキアと共に

ゴンドラDATA

料金往復￥2,500（第2ロマンスリフト往復・プレイゾーン含む）乗車時間約8分 運行時間9：00〜、上り〜16：30、下り〜17：00の間で随時運行 ※4月下旬まで運休。要問い合わせ

↗ゴンドラはスキーシーズンなど期間限定で運行する。琵琶湖の壮大な景色に思わず感動！

↗園内の約8,000本のコキアと共に見る琵琶湖は格別。園内には遊具なども豊富にそろう！

Course 46

滋賀・高島

箱館山

アリフトも運行している。頂の見晴台までは第2ロマンスペ赤く色付くコキアを観賞可能。山夏には色とりどりの花畑、秋には旬〜10月中旬にゴンドラが運行。旬〜8月上旬、9月中する。7月上館山コキアパーク」が開園気スキー場の箱館山は「箱

人

〜ハイキングDATA〜

標高	約690m
歩行距離	約2.5km
歩行時間	約2時間
らくらく度	👣👣👣👣
トイレ	ゴンドラ山頂駅、箱館山コキアパーク園内など
備考	4月下旬までと、11月中旬〜12月下旬はゴンドラの運行および箱館山全施設休止

第2ロマンスペアリフト
アルプスアドベンチャー
見晴台
ブレイゾーン
アクティビティハウス
テラス
箱館山コキアパーク
第2ヒュッテ
からまつ小屋
風鈴のよし小道
ジップラインゴンドラ山頂駅
虹のカーテン
ゴンドラ山頂駅
びわ湖のみえる丘
P
ゴンドラ箱館山

●箱館山コキアパーク
住高島市今津町日置前20101 ☎0740・22・2486（ゴンドラ問い合わせ先も同）時9：00〜17：00 期期間中は休なし 交JR近江今津駅より湖国バスゴンドラ箱館山行約20分、終点からすぐ

高さ約43mの鉄橋を越え 国宝「石清水八幡宮」へ

↑車窓からは、木津川、桂川、宇治川のほか、京都競馬場など、京都洛南の景観が広がる

ケーブルカーDATA

料金片道￥300（大人）乗車時間約3分 運行時間 始発8：10、最終18：15、15分間隔で運行 ※00分、30分は利用者がいる場合のみ運行 ☎06・6945・4560（京阪電車お客さまセンター）

〜ハイキングDATA〜

標高	約142.5m	歩行距離	約3.5km
歩行時間	約2時間		
らくらく度	👣👣👣		
トイレ	石清水八幡宮駅、石清水八幡宮周辺などにあり		
備考	石清水八幡宮駅周辺に観光案内所やコンビニなどがある		
問い合わせ先	八幡市観光協会 ☎075・981・1141		

（13）
ケーブル男山山上駅
観光案内所
石清水八幡宮参道ケーブル
石清水八幡宮参道ケーブル男山山上駅
男山展望台
（22）
男山山頂
石清水八幡宮（標高142.5m）
石清水八幡宮
男山散策路「ひだまりルート」
エジソン記念碑
善法律寺
P
神原
0 200m

高さ約43mの鉄橋を越え 国宝「石清水八幡宮」へ

↑11月中旬には紅葉が楽しめる男山展望台。山上にはエジソン記念碑なども

Course 45

京都・八幡

男山

ケーブルを利用してもOK。が厳しい場合は石清水八幡宮参道立ち寄るコースがおすすめで、登りリルート」で山を下り、善法律寺に清水八幡宮へ。男山散策路「ひだを出発し、日本三大八幡宮の一つ・石される男山。石清水八幡宮駅清水八幡宮と共に広く尊崇

石

住八幡市八幡高坊
時石清水八幡宮南総門開閉時間6：00〜18：00（12/31〜1/19は変動。善法律寺は境内散策自由（拝観要予約）交②石清水八幡宮駅よりすぐでケーブル八幡宮駅

小山ながらも山の魅力が凝縮
地元に愛される宝塚の名峰

Course 47
兵庫・宝塚

中山連山

宝塚市の北側にある中山連山は、中山最高峰と縦走路を総称する呼び名「登山・下山口共に駅から近く、東側の阪急山本駅側はロッククライミングのような岩場歩きを楽しめ、中山寺のある西側は花々に癒やされるとあって、ハイカーが絶えない。人気がある岩の上に砂利がのっている箇所は滑りやすいので注意して。

居宝塚市平井
入山自由困なし
入山無料
山本駅より徒歩5分で登山口

〜ハイキングDATA〜

標高	478m（中山最高峰）
歩行距離	約10km
歩行時間	約4時間15分
らくらく度	🧦🧦🧦🧦🧦
トイレ	中山寺などにあり
備考	山本駅周辺に売店やコンビニなどがある
問い合わせ先	宝塚市役所・宝塚市国際観光協会 0797・77・2012

⬆️低山ながらも展望がいい山頂は、いつも昼時にはハイカーでにぎわう。阪急中山観音駅方面へと下山する場合は、中山寺の奥之院参道を降りていこう

⬆️「宝塚ロックガーデン」とも呼ばれる人気の岩場。初心者は慎重に進むようにしよう

⬅️落差10mの最明寺滝。信仰の滝のため、滝壺周囲には線香の香りが絶えない

⬆️中山寺奥之院から中山寺への参道の途中にある夫婦岩は、休憩にも最適

天下分け目の戦いの舞台で
初心者向けの定番ハイクを

Course 48
京都・大山崎町

天王山・十方山
（じっぽうやま）

羽柴秀吉と明智光秀が天下分け目の合戦を行った古戦場として有名な天王山。この名山と隣の十方山をたどるコースは、小学生が遠足にやって来るほどの初心者コース。山麓には多くの遺産や文化財があり、歴史文化に触れながら合戦の雰囲気を味わうことができるので、余裕がある場合は立ち寄ってみるのもおすすめだ。

居大山崎町
入山自由困なし
入山無料
大山崎駅より徒歩10分で登山口

〜ハイキングDATA〜

標高	天王山270m、十方山304.3m
歩行距離	約7km
歩行時間	約2時間20分
らくらく度	🧦🧦🧦🧦🧦
トイレ	大山崎駅にあり
備考	大山崎駅周辺に売店、コンビニなどがある
問い合わせ先	大山崎町役場 075・956・2101

⬆️天王山の中腹にある展望台・奥の山展望広場。とても見晴らしがよく、大山崎町をはじめ天気がよければ京都市内が一望できる。お弁当を食べられる広場もあり

⬆️秀吉が旗印を掲げた「旗立松」があるエリアの石碑。山頂側には展望台も備えられている

⬅️大阪平野が一望できるコース屈指の絶景スポット・青木葉谷展望広場

➡️〝山崎の聖天さん〟として親しまれる「観音寺（山崎聖天）」は、桜でも有名

ススキが踊る別天地で
心躍る高原ハイクを満喫

↑中腹には「お亀伝説」が残るお亀池があり、湿原特有の植物を見られる

↑草原が緑の芽生えの季節を迎える春先から、ススキの穂が銀波を起こす秋までがハイキングの適期。放心状態になるほどの絶景を楽しんで

Course 50
奈良・曽爾村

曽爾高原

日本３００名山の一つ倶留尊山から亀の背に似た亀山を結ぶ西麓に広がる高原。40万㎡が一面ススキにおおわれていて、春から夏は緑の絨毯のように埋め尽くし、秋になると黄金色の穂が揺れる。その牧歌的な風景を求めてハイカーたちが年中訪れる。

〜ハイキングDATA〜

標高	約849m
歩行距離	約6.5km
歩行時間	約2時間30分
らくらく度	👟👟👟👟👟
トイレ	駐車場などにあり
備考	曽爾高原ファームガーデンに売店などがある
問い合わせ先	曽爾村観光協会 ☎0745・94・2106

曽爾高原ファームガーデン

宇陀郡曽爾村太良路
入山自由
なし
入山無料
名張駅より三重交通山粕西行バス約45分。葛から徒歩45分

ススキが広がる高原で
ロケ地巡りの散策を！

↑鮮やかな緑が広がる夏には、涼風に乗って小鳥のさえずりも聞こえる

↑ススキの見ごろは例年9月下旬から11月上旬で、秋が始まると共に色が変わり始め、10月下旬を迎えると黄金色に輝く大海原に

Course 49
兵庫・神河町

砥峰高原

峰山・雪彦と共に県立自然公園に指定されている砥峰高原。西日本有数の約90haに及ぶススキの草原が広がる中に遊歩道が整備され、秋はもちろん新緑シーズンにも多くのハイカーが訪れる。映画やドラマのロケ地にもなった名所をのんびりと歩こう。

〜ハイキングDATA〜

標高	800〜900m
歩行距離	約3km
歩行時間	約1時間35分
らくらく度	👟👟👟👟👟
トイレ	とのみね自然交流館にあり
備考	とのみね自然交流館にそば処などがある
問い合わせ先	神河町観光協会 ☎0790・34・1001

とのみね自然交流館

神崎郡神河町川上
入山自由囮なし
入山無料※ススキのシーズンは駐車場料金要
播但連絡道路神崎南ICより車で40分、砥峰高原駐車場へ

「関西の軽井沢」と称される
大草原からの展望に感動

↑青山高原近くの布引の滝。山間を縫うひと筋の流れが山の緑に映える

↑伊賀、鈴鹿山系、伊勢湾を見渡す大展望が広がる山上。付近には約86基もの大型の白い風車がゆったりと羽根を回している景色も必見！

Course 52
三重・伊賀

青山高原

室生赤目青山国定公園の一角にある、三重県津市から伊賀市の南北約10kmにわたる巨大高原。西青山駅からコース最高点の髻山を登り、東青山駅へと抜けるコースが人気。道はよく整備され、道標も要所にあるので、ビギナーやファミリーのハイカーも多い。

〜ハイキングDATA〜

標高	756m（髻山）
歩行距離	約13.5km
歩行時間	約5時間
らくらく度	👟👟👟👟👟
トイレ	青山高原の駐車場などにあり
備考	道中に売店やコンビニがないため事前に用意を
問い合わせ先	青山観光振興会 ☎0595・52・5202

アスレチックピクニックランド

伊賀市勝地
入山自由
なし
入山無料
西青山駅より徒歩40分で登山口

急峻な登山道を抜け
ススキの絶景を目指す

↑山上からの、四国、淡路島、背後に護摩壇山から奥高野の山並みが開けた360度の大パノラマは感動間違いなし！

→弘法大師が護摩修行を行ったと伝えられている笠石からの眺めも圧巻

Course 51
和歌山・紀美野町

生石高原

紀美野町と有田川町にまたがる高原では、ススキの大草原と関西随一と言われるススキの大草原と大パノラマが有名。その最高峰・標高870mの生石ケ峰を目指し、生石高原登山者駐車場を起点にハイキング。頂上からは四方に遮る物がない眺望を楽しむことができる。

〜ハイキングDATA〜

標高	約870m
歩行距離	約11km
歩行時間	約3時間20分
らくらく度	👟👟👟👟👟
トイレ	生石高原登山者駐車場、生石高原にあり
備考	生石高原にレストハウス「山の家おいし」がある
問い合わせ先	紀美野町産業課 ☎073・489・5901 土日祝 山の家おいし ☎073・489・3586

海草郡紀美野町入山自由囮なし入山無料和歌山自動車道海東ICより車で30分、生石高原登山者駐車場へ

日本の原風景が広がる
まほろばの地を歩く

↑古代、日本最初の市「海拓榴（つば）市（いち）」があったとされるエリア

↑山裾に沿うように続く山の辺の道。神社や古寺、たくさんの古墳が次々に現れて、訪れるハイカーを古代ロマンの世界へといざなう

Course 54
奈良・天理〜桜井

山の辺の道

「古事記」や「日本書紀」にも登場する、日本最古の古道の一つ。桜井市と奈良市を結ぶ道中には、古墳や史跡、神社仏閣が点在し、往時の雰囲気を伝えているる。JR三輪駅周辺にはそうめんの老舗や和菓子の名店が並ぶので、小休止に立ち寄ってみよう。

~ハイキングDATA~

標高	不明
歩行距離	約10km
歩行時間	約2時間30分
らくらく度	👟👟👟👟
トイレ	柳本駅、三輪駅などにあり
備考	道中に売店やコンビニがないため事前に用意を
問い合わせ先	なし

☑散策自由
☒なし
☑散策無料
☑柳本駅よりすぐ

せせらぎがとても心地いい
北摂随一の景勝地

↑渓谷沿いの涼しげな風景を眺めながら、森林に囲まれた道を進む。八畳岩などの奇岩がゴロゴロしている渓谷ならではの眺めもポイントだ

→高さ15m、幅5mの白滝。周囲の木々にマッチした風景に癒やされる

Course 53
大阪・高槻

摂津峡

春は満開の桜、秋は燃えるような紅葉で目を楽しませてくれる景勝地。ハイカーにも評判の景勝地。芥川桜堤公園を抜け、摂津峡公園、白滝へと続く、渓谷沿いを歩くコースは歩きやすく、初心者にもおすすめ。帰りは上のロバス停からバスでのんびりと帰ろう。

~ハイキングDATA~

標高	約200m
歩行距離	約7km
歩行時間	約2時間
らくらく度	👟👟👟👟
トイレ	摂津峡公園、上のロバス停などにあり
備考	高槻駅周辺に売店、コンビニなどがある
問い合わせ先	☎高槻市公園課 072・674・7516

☑高槻市原地内ほか
☑入園自由
☒なし
☑入園無料
☑高槻駅より徒歩80分で摂津峡公園

美しい竹林をのんびり歩く
神秘的な竹林浴の世界へ

↑京都市洛西竹林公園の生態園では、110種の竹笹類が植栽されている

↑苔むした飛び石がつらなる風情あふれる竹の径。すがすがしい竹のさわやかな香りに包まれ、リラックスしながらのハイキングが楽しめる

Course 56
京都・西京区

京都市洛西竹林公園

今もなお美しい竹の群生地が広がる向日丘陵。阪急洛西口駅を出発し、東向日駅がゴールとなるコースでは、8種のもの竹がつらなる「竹の径」、110種もの竹や笹が群生する「京都市洛西竹林公園」を歩く。伸びやかで神秘的な竹林の魅力を存分に体感しよう。

~ハイキングDATA~

標高	不明
歩行距離	約4.5km
歩行時間	約2時間
らくらく度	👟👟👟👟
トイレ	京都市洛西竹林公園などにあり
備考	ルート沿いにコンビニなどがある
問い合わせ先	なし

☑京都市西京区大枝北福西町2-300-3☎9:00〜17:00（最終入園16:00）
☒水☑入園無料☑洛西口駅より徒歩30分で京都市洛西竹林公園

滝や淵が連続する
類稀なる渓谷美を満喫

↑高さ8mの滝が岩をはさんで2つに別れて流れ落ちる荷担滝は迫力満点

↑「赤目五瀑」の一つ、不動滝。不動明王にちなんでこの名が付けられ、滝参りとはこの滝にお参りすることだった。渓谷にかけられた不動橋からの眺めは壮観！

Course 55
三重・名張

赤目四十八滝

大小50もの滝や淵が渓谷の約4kmにわたって続き、「日本の滝100選」にも選ばれている。渓谷沿いの散策路はコンクリートで整備されているため、木々や美しい水、滝を存分に満喫できる。紅葉の名所としても知られ、最盛期にはライトアップも実施。

~ハイキングDATA~

標高	620m（コース最高点）
歩行距離	約7.5km
歩行時間	約2時間50分
らくらく度	👟👟👟👟
トイレ	渓谷内千手滝付近などにあり
備考	入山には渓谷入山料¥500が必要
問い合わせ先	☎赤目四十八滝渓谷保勝会 0595・41・1180

☑名張市赤目町長坂671-1☎8:30〜17:00、12〜3月は9:00〜16:30☒12〜3月の第2週までの木（祝の場合営業）
☑渓谷入山料込☑赤目口駅より三重交通バス約10分？赤目滝からすぐ

↑緑色のグラデーションに包まれる自然歩道は歩くだけでも気分爽快。木漏れ陽に誘われながらハイキングを存分に楽しんで

↑界隈の歴史と文化の研究拠点「大津市歴史博物館」にも立ち寄ろう

Course 58
滋賀・大津

〜ハイキングDATA〜

標高	不明
歩行距離	約10km
歩行時間	約3時間30分
らくらく度	👟👟👟👟👟
トイレ	大津駅、近江神宮前駅などにあり
備考	道沿いにコンビニなどがある
問い合わせ先	なし

東海自然歩道

都8県2府に及ぶ全長173.4kmの自然歩道。その一部で比良・比叡山地の裾野をたどり、近江神宮がゴールとなるコースでは、長等公園の登山口から東海自然歩道に合流。急勾配の山道を越えたら、神社仏閣を訪ねて大津が歩んできた歴史も学びたい。

☑散策自由
💴なし
🅿散策無料
🚃大津駅より徒歩13分で長等公園

↑波が穏やかで、夏には大勢の遊泳客でにぎわう「今津浜水泳場」

↑立派な黒松が並木道を形成する。砂浜と共に湖岸ならではの景観が魅力で、漁船が停泊する今津港をはじめ、時折足を止めて琵琶湖の景色を楽しみたい

Course 57
滋賀・高島

〜ハイキングDATA〜

標高	不明
歩行距離	約9km
歩行時間	約2時間
らくらく度	👟👟👟👟👟
トイレ	近江今津駅、マキノ駅などにあり
備考	近江今津駅周辺にコンビニなどがある
問い合わせ先	びわ湖高島観光協会 ☎0740・33・7101

近江湖の辺の道

総距離約140km、近江舞子と近江八幡を北回りに結ぶ「近江湖の辺の道」は、琵琶湖の水際に沿うように整備されている。さざ波が打ち寄せる湖畔で、ゆったりと散策したい人に最適で、JR近江今津駅からマキノ駅間の約8kmのルートが特におすすめだ。

☑散策自由
💴なし
🅿散策無料
🚃近江今津駅よりすぐ

↑高津子山展望台へたどり着けば、和歌山市内から紀三井寺までが一望できる。坂を上りきったご褒美の絶景を堪能しよう

↑展望広場もある雑賀崎灯台は、市内でも有数の夕日展望の名所

Course 60
和歌山・和歌山市

〜ハイキングDATA〜

標高	136m
歩行距離	約6km
歩行時間	約1時間30分
らくらく度	👟👟👟
トイレ	紀三井寺などにあり
備考	ルート沿いにコンビニなどがある
問い合わせ先	和歌山市観光課 ☎073・435・1234

和歌浦〜雑賀崎

光明媚な絶景が楽しめる日本有数の観光スポット和歌の浦。JR紀三井寺駅から雑賀崎灯台を目指すコースでは、絶景を縫うように海から山へ、山から海へと歩く。一つのコースで目まぐるしく変わる絶景を目に焼き付けたら、のんびりとバスで帰途へ。

☑散策自由
💴なし
🅿散策無料
🚃紀三井寺駅よりすぐ

↑糸我峠を登りきると、木のトンネルが現れる。その向こう側には登山のご褒美と言わんばかりの絶景が広がっている

↑5月ごろはかぐわしいミカンの花の香りに包まれてハイキングが楽しめる

Course 59
和歌山・有田〜湯浅町

〜ハイキングDATA〜

標高	約170m
歩行距離	約7km
歩行時間	約3時間
らくらく度	👟👟👟👟
トイレ	紀伊宮原駅、湯浅駅、くまの古道歴史民俗資料館にあり
備考	ルート周辺にコンビニなどがある
問い合わせ先	和歌山県観光振興課 ☎073・441・2424

熊野古道 紀伊路

京都から熊野三山へと続く参詣道の熊野古道 紀伊路。JR紀伊宮原駅から糸我峠を越えて湯浅駅へと抜けるコースは、舗装路が多いので気軽に歩ける。コース内のミカン畑を見ながら湯浅の町へたどり着けば、宿場町として栄えた往時の様子を感じられる。

☑散策自由
💴なし
🅿散策無料
🚃紀伊宮原駅よりすぐ

山あるき＆ハイキング
基本装備 をチェック！

日帰りの登山を想定して必要なウェアや道具をご紹介。
季節によってスタイルが変わってくるので、なにが必要か基本を把握しよう！

山登りに適した服装

これから登山を始める人やビギナーは、登山ウェアを持っていなかったり、ほかの服で代用すると思われるが、代用の場合は化学繊維などの速乾素材を選ぼう。登山ウェアは乾きやすいほか、軽くて動きやすかったり、体温調整がしやすかったりと機能性が高いものが多い。これから購入するなら「普段も使うか？」を基準にするのもおすすめ。

POINT 1
動きやすい

登山ウェアは動きやすさを前提に作られている。例えば伸縮性に優れていたり、立体裁断で体の動きを邪魔しなかったりと、細かなこだわりが登山ではありがたく感じる場面が多い。まずはデザイン性よりも機能性を重視しよう。

POINT 2
乾きやすい

ウェアが汗や雨でぬれると体が冷えやすく、それが疲れや風邪につながるほか、場合によっては命にかかわる事態になることもある。速乾性や吸水性のある化学繊維のものや、保温性の高いウールのものを使うのが重要。

POINT 3
体温調整しやすい

寒さを警戒するあまり着込みすぎて、登っているうちに暑くなって汗をかき、ウェアがぬれて体が冷える…。初心者がよくするNG行動がこれ。登山時は体温調整を意識して、着脱しやすい薄手のウェアを重ね着するのが吉。

POINT 4
軽量コンパクト

登山時において装備の軽さは最重要ポイントで、もちろんウェアもその例外ではない。着ていて軽く、また脱いだ時に荷物にならない方が楽に歩き続けることができる。軽く機能的な理想の登山ウェアを探してみよう。

レイヤリング

登山ウェアにおいて、まず覚えておきたいのがレイヤリング。登山では、天気や状況に合わせて細かい体温調整が必要となり、こまめに着脱して調整するために、何枚ものウェアを重ね着することをレイヤリング（＝重ね着）という。薄手のウェアを何種類も重ねて着るのがポイント。各ウェアの特徴や役割を知ってうまく組み合わせよう。

モンベル／ジオラインメッシュ
スポーツブラ・ショーツ

モンベル／ジオラインメッシュ
ソフトブラ・ショーツ

ベースレイヤー
下着・肌着

ベースレイヤーは肌のすぐ上に着るウェアで、肌面をドライに保つ。汗を吸い上げる「吸水性」と、吸い上げた汗を表面で拡散させる「拡散性」があり、その結果、多くのベースレイヤーには汗が乾きやすい「速乾性」が備わる。

ミドルレイヤー
中間着

ベースレイヤーの上に着るウェアで、肌面から汗を遠ざけながら体温を保持する。ミドルレイヤーには「吸水性」と「保温性」が備わる。行動中に着るウェアなので、「通気性」を備えているのも特徴。

モンベル／ウイックロン
ZEOサーマル ロングスリーブ
ジップシャツ Women's

モンベル／WIC.ライト
スタンドカラーシャツ Women's

アウターレイヤー
上着

レイヤリングのなかで一番外側に着るウェア。雨を防ぐ「防水性」、寒さから体を守る「保温性」、風を遮る「防風性」がおもな性能。レインウェア、インサレーションウェア、ウィンドシェルなどがそれに当たる。

エル・エル・ビーン／Pathfinder
Gore-Tex Jacket
Women's Regular

首元を温めるだけで体感温度は大きく変わる。バッグに忍ばせておきたい

登山の楽しいシーズンだが思った以上に冷え込むことも

春と秋は、街と山の季節感の差を最も感じる時期。低山であれば天候に恵まれれば、寒すぎず暑すぎずの快適な登山を楽しむことができるが、高山は一日の寒暖差が激しく注意が必要。5月や10月でも雪が降ったり積もっていたりする可能性もあるので事前に下調べを。小物を使って首元を温めるなど、細かな体温調整が必須だ。

●アウター…スノーピーク／Flexible Insulated Cardigan
●シャツ…モンベル／WIC.ライト スタンドカラーシャツ Women's
●パンツ…ミレー／MOUNTAIN STRETCH HALF PT W
●タイツ…モンベル／ジオライン L.W.タイツ Women's
●靴…エル・エル・ビーン／Access Gateway Hiker Low Women's
●ハット…スタイリスト私物
●ダウンマフラー…スタイリスト私物
●バックパック…スタイリスト私物

\ 着用しているのは /
コチラ！

普通のマフラーより暖かく、キャンプなどのアウトドアでも重宝する

余分な熱を逃し、最低限の熱を確保。アウターでもミドルレイヤーでも活躍

容量の大きさと絶妙な色使いでタウンユースにも◎

吸水・拡散性、防臭機能に優れる。軽量・速乾でオールシーズン対応

動きやすさと上品なワイドシルエットを両立したトレッキングパンツ

通気性に優れていて、フィールドから日常使いまでできる優れ物

メッシュとスエードのアッパーが特徴。防水構造だから安心

つばが広く、陽射しを効率よく遮断。日焼け防止にもバッチリ

夏山といっても
朝晩や天気に
よっては冷え
込むので防寒
具は必需品

● アウター…モンベル／ストームクルーザー
　ジャケット Women's
● トップス…モンベル／ウイックロン
　ZEOサーマル ロングスリーブジップシャツ Women's
● パンツ…モンベル／ストレッチO.D.ラップ ショーツ
● タイツ…モンベル／トレールタイツ Women's
● 靴…モンベル／トレールフライヤー Women's
● ハット…モンベル／フィッシングハット
● バックパック…ミレー／SUIU 22

夏の基本スタイル

標高やエリア、時間帯で気温に幅あり！熱中症対策のほか寒さ対策も必要

梅雨が明け、植物が色とりどりに咲く季節。関東以南の低山では熱中症のリスクが高くなるので、防寒具も準備のうえ1,000m以上の山を目指そう。紫外線対策や汗冷え対策がマストで、いくら暑いからといっても半そでや短パンでも登山は避けたい。エリアや標高、時間帯などで気温に幅があるので、行く先に合わせて準備を。

着用しているのは
コチラ！

吸水・拡散性と
ストレッチ性を備
え、行動着として
高いパフォーマ
ンスを発揮

はっ水生地の
軽量リュック。
ライトなハイキ
ングや自然散
策にぴったり

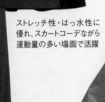

乾きの速い生地を使用
し、表面にははっ水加工
を施したハット

ストレッチ性・はっ水性に
優れ、スカートコーデながら
運動量の多い場面で活躍

全面に通気性に優れた
メッシュ素材を使用した
軽量シューズ

UVカット効果があり、ストレッ
チ性と制菌防臭効果を持つ
吸水速乾性素材を使用

すっきりとした無駄のない
シルエットのレインジャケッ
ト。ウインドブレーカーや防
寒着としても優秀

● アウター…エル・エル・ビーン／Pathfinder
Gore-Tex Jacket Women's Regular
● トップス…スタイリスト私物
● パンツ…スタイリスト私物
● 靴…モンベル／マウンテンクルーザー
600 Women's
● 手袋…エル・エル・ビーン／Mountain Classic
Fleece Gloves Women's
● ニットキャップ…エル・エル・ビーン／Katahdin
Pom Graphic Hats Unisex
● バックパック…モンベル／ガレナパック30

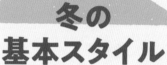

冬の 基本スタイル

寒さ対策と汗をかかないことも意識 こまめな着脱で汗冷えを防ごう

冬の低山は登り初めは寒くても、じきに体が温まって汗をかく。暑くて脱ぐと休憩中に体が冷えるので注意。こまめに着脱して体温調整をし、極力汗をかかないように心がけよう。脱ぎ着が面倒であれば温度調節可能なウェアを取り入れることで快適に。通気性のよい生地や防風性の高い生地を使用しているものを探してみよう。

\ 着用しているのは コチラ！ /

多彩なポケットが便利。通気性の高さで不快な蒸れも解消してくれる

ロゴ入りのカラフルなキャップ。寒い季節のアクティビティや毎日の着用にも

軽量で柔らかく、軽装備のトレッキングから小屋泊登山まで幅広く対応

\ 着用しているのは コチラ！ /

耐風性、耐久性にも優れた、高品質なフリース素材を使用したグローブ

防水透湿素材 GORE-TEX® ファブリックを使用した機能性の高いジャケット

ソフトシェル素材で通気性が高く、またストレッチ性に優れて動きやすい

地厚で心地よい暖かさを感じる保温性に優れたトップス。着脱のしやすさも◎

モンベル／
ガレナパック30

ミレー／
SUIU 22

**選ぶ
ポイント**

容量
日帰りか宿泊か（山小屋かテントか）で必要な容量が異なる。最初は20〜30Lのものを

収納
まずは雨ぶたとサイド、フロント、ウエストベルトにポケットのある基本形に慣れておこう

サイズ
背面長（背中の長さ）もまちまちなので試着がおすすめ。女性は女性用がフィットしやすい

背面
背負い心地を重視。かつ背面がメッシュで蒸れないか、背面にフレームがなく軽量かを見る

ベルト
ウエストベルトやできればチェストベルトがあるものを。ベルトが体に合うかの確認も必須

まず購入したいアイテム
体にフィットするものを

シューズと並んで、まず購入を検討したいのがバックパック。デザイン重視のタウンユースのリュックに比べて、登山用のバックパックは背負っても長く歩き続けられるように作られている。自分の体にフィットするものは人それぞれで違ってくるので、実際に試着して探してみよう。背負いやすく疲れにくいという点を意識して。

トレッキング
シューズ

**選ぶ
ポイント**

登山スタイルに合わせて
試着しながら選ぼう

登山靴は滑りにくい、防水性・透湿性がある、素材が丈夫など、登山に適した作りになっている。自分の登山スタイルや足に合ったシューズを選ぶことが、疲れにくく安全な山歩きを可能にするコツ。登山用品店で試着しながらどんな山登りをしたいのか伝えて相談を。買っていきなり長距離を歩かず、まずは短い山行で履き慣らそう。

足首の高さ
まずはミドルカットがおすすめ。高いほど足首がサポートされ、砂利などが入りにくくなる

重さ
軽いと疲れにくく感じるが、安定感など他の要素の検討も必要。トータルのバランスで決めて

フィット感
人によって足の形は異なるため、高評価のシューズが自分に合うとは限らない。必ず試着を

アッパーの素材
革は丈夫だが手入れが大変、化学繊維は軽いが耐久性に劣る、などよし悪しを含めて検討を

ソール
ソールが柔らかいと履きやすいが登山道で足下が安定しない。本格的なものはソールが硬い

モンベル／
マウンテン
クルーザー600
Women's

エル・エル・ビーン／
Access Gateway
Hiker Low Women's

小物

紫外線対策や防寒に必須
コーデのポイントにも！

帽子、靴下、グローブのほかに、サングラス、サコッシュ、ネックウォーマーなど、自分が必要と思う小物類は持参しよう。まずは普段使いもできるものを基準として選ぶのがおすすめ。コーディネート次第でガラッと印象が変わるので、ウェアが決まったあとに合わせよう。紫外線対策や防寒などで大活躍するのでおろそかにはできない。

エル・エル・ビーン／
Mountain Classic
Fleece Gloves Women's

エル・エル・ビーン／Katahdin Pom
Graphic Hats Unisex

モンベル／フィッシングハット

モンベル／
ウィックロン
トレッキングソックス
Women's

エル・エル・ビーン／
Access Gateway
Hiker Low Women's

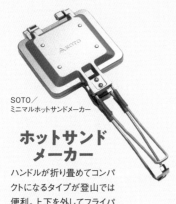

SOTO／
ミニマルホットサンドメーカー

ホットサンドメーカー

ハンドルが折り畳めてコンパクトになるタイプが登山では便利。上下を外してフライパンとして使うことも。あふれそうな具材を詰め込んだホットサンドを楽しんで

モンベル／
チタン
アルパイン
サーモボトル 0.5L

スノーピーク／
ステンレス真空ボトル
タイプM500サンド

保冷・保温ボトル

山専用ボトルがあれば火を使用しなくても、登山の道中でインスタント麺などを作れる。ほかにもアルファ化米、インスタントスープ、お茶などもすぐ楽しむことができる

調理器具

山でのごはんやおやつをたくさん歩いたごほうびに

日帰りの低山ハイキングであっても、バーナーで調理したり、器にこだわったりと、山ごはんに挑戦してほしい。バーナー一つで作る時間をかけない簡単レシピ（P120）を参考にしてみて。山での料理らしく、茹でて汁を捨てない、ゴミを出さないといったマナーやコツも身に付けよう。調理器具も軽さと持ち運びを考慮して選ぶようにして。

モンベル／
アルパイン
クッカーソロセット

SOTO／
レギュレーターストーブレンジ

クッカー

鍋や器としても使える軽量な調理用具。お湯が早く沸かせるものや、ご飯が炊きやすいものがあるので用途に合わせて選んで。よく使われる素材はアルミ、チタン、ステンレス

バーナー

携行性に優れていて、どこでも手軽に使える燃焼器具。登山やキャンプなどアウトドアで火を得るための必需品。重さやサイズ、火力、安定性、強風時でも使えるかなどで選びたい

モンベル／
サーモマグ 200 モンベルロゴ

マグカップ

プラスチックや木、チタンなどさまざまな素材やデザインから自分好みのものを探してみよう

モンベル／クーラーボックス 4.0L

食器

軽量であるほか、重ねてコンパクトにできるかも考慮して。プラスチック、ステンレス、木製などさまざま種類があるので、使う人やシーンに合わせて選ぼう

保冷・保温バッグ

夏場に傷みやすい食材や凍らせたゼリー、果物を入れたり、逆に温かい食材を入れて行ったりと、食べ物を持ち運ぶのになにかと重宝する

スノーピーク／
ワッパー武器2本セット

スノーピーク／
チタン先細箸

カトラリー

スプーンとフォークが一体となったスポークや箸など、可能な限り軽量コンパクトにまとめよう。つい忘れてしまいがちだがないと非常に不便なので忘れないよう注意

モンベル／アルパインスタッキングボウル14
モンベル／アルパインスタッキングプレート20

簡単&本格的

山ごはんレシピ

登山のごほうびといえば
やっぱり山ごはん!
気分の上がる6品をご紹介。

サンマの香ばしさと甘辛いタレが
炊きたてご飯とベストマッチ

recipe 1.

サンマの
蒲焼き丼

材料(1〜2人分)

サンマの蒲焼き缶 …………1缶
無洗米 ………………………1合
水 …………………200〜220ml
刻み海苔・ネギ(フリーズドライ)
……………………………各適量
粉山椒、練りわさび ……好みで

POINT

サンマの蒲焼き缶を
温めることで、低温で
煮こごり化した中身
が溶解する

作り方

❶ メスティンに無洗米と水を入れ、30分〜1時間ほ
ど吸水させる。

❷ フタをし、サンマの蒲焼き缶をのせて中火にか
け、湯気が出てきたら弱火にして15分炊く。

❸ 火から下ろしたらタオルなどで②を包み、10分
ほど蒸らす。

❹ ご飯をほぐして刻み海苔を散らし、サンマの蒲焼
きを汁ごとのせ、ネギをトッピングする。好みで粉
山椒、練りわさびを振る。

材料（2人分）

米 ……………………………… 1合
オリーブオイル ………… 大さじ2
湯 ………………………… 約400ml
顆粒コンソメ ……… 1袋（4g）
トマトジュース1パック（200ml）
オイルサーディン …………… 1缶
粉チーズ ………… 大さじ1〜2
フライドオニオン・黒胡椒・ドライ
パセリ ………………… 各適量

作り方

❶ フライパンに米とオリーブオイルを入れて中火にかける。

❷ 米が透き通ってきたら弱火にし、湯の半量と顆粒コンソメを加える。

❸ フツフツと沸いたら、トマトジュース、残りの湯を少しずつ加え、時々混ぜながら炊く。
　※水分が足りない場合は適宜調整してください。

❹ 米の芯が少し残るくらいまで15分ほど炊いたら、オイルサーディン、粉チーズを加えて混ぜ、仕上げにフライドオニオン、黒胡椒、ドライパセリを振る。

recipe 2.

オイルサーディンの
トマトリゾット

トマトとサーディンの旨味が交わる
簡単おいしい本格派リゾット

POINT

炒めた米は水ではなくお湯を加えて煮立たせる。その方が米の粘りが出にくくなる

オニオングラタンスープ

recipe 3.

タマネギとバターの甘味が体に染みる満足度高めの食べるスープ

材料(2人分)

フランスパン	2切れ
バター(個包装)	1個(約8g)
スライスチーズ(とろけるタイプ)	1〜2枚
水	300ml
ビーフブイヨン	1個(4g)
オニオンペースト	1袋(40g)
黒胡椒・ドライパセリ	お好みで

作り方

❶ フランスパンの両面にバター少々を塗り、フライパンで焼く。器に取り出し、スライスチーズをのせておく。

❷ 同じフライパンに水、ビーフブイヨン、オニオンペースト、残りのバターを加えて煮立てたら、①のチーズの上から注ぐ。好みで黒胡椒、ドライパセリを振る。

POINT

焦げ目が付くまで焼くことで香ばしくなり、チーズも溶けやすくなる

甘じょっぱさがクセになる！プレスリーが愛した簡単サンド

材料(2人分)

食パン(6枚切り)	4枚
ピーナッツバター	適量
ベーコン	2〜3枚
バナナ	1本
粗塩・黒胡椒・ハチミツ	各適量

作り方

❶ 食パンのサンドする面にピーナッツバターを塗る。バナナは2等分にしたあと、縦半分に切る。

❷ ベーコンは半分の長さに切り、フライパンで焼く。(脂はそのままにしておく)

❸ 食パンの上にベーコン、バナナをのせ、粗塩、黒胡椒を振り、ハチミツをかけてサンドする。

❹ ③の両面をフライパンでこんがりと焼いたら取り出し、半分にカットする。

recipe 4.

エルビスサンド

POINT

断面をどういうバランスにするか考えながら配置しよう

recipe 5.

鶏麺

材料(1〜2人分)

袋麺のインスタントラーメン
（塩味）……………………… 1袋
[トッピング] 各適量
サラダチキン（切り落とし）
錦糸卵
しいたけ昆布
紅生姜
ネギ（フリーズドライ）
白ゴマ

ほんのひと手間のトッピングで
いつもの袋麺が劇的に化ける

POINT

塩味なら、市販の
ものならなにを使っ
てもOK

作り方

❶インスタントラーメンは表示
どおりに作る。

❷器に取り分け、好みのトッピ
ングをのせていただく。

recipe 6.

ようかんぜんざい

疲れた体を癒やす優しい味わい
なめらかな舌触りと上品な甘さ

材料(2人分)

ようかん …………………… 1個（150g）
水 ……………………………… 200ml
トック ……………………………… 適量
※餅、トッポギなどでもOK
蒸し小豆・甘納豆………… 好みで

作り方

❶鍋に小さく切ったようかんと水を
入れて火にかけ、沸騰したらトッ
クを加える。

❷ようかんが溶け、トックが柔らか
くなったら、好みで蒸し小豆、甘
納豆をトッピングする。

POINT

ようかんはさいの目切
りに。小さくした方が
溶けやすくなり時短に

基本&マナーをしっかり確認！
山あるき&ハイキング マニュアル

初心者のための

楽しさいっぱいの山登りだが、準備や基礎知識がないと思わぬケガや事故に遭ってしまうことも。準備をしっかりと整え、マナーとルールを守って出発しよう！

01. 登る山選び&ルートなどを下調べ スケジューリングはしっかりと

まずは登る山を決めて、ルートなどをガイドブックやインターネットなどで調べよう。出発、到着、下山時間など簡単なスケジュールをメモ書きするのもおすすめ。また、本来ならコースや参加者名、緊急連絡先などを記した「登山計画（届出）書」を登山口や最寄り駅の登山ポストに提出。ない場合も多いので、自宅などにも書き置きをしておこう。

⬆登山計画（届出）書を提出する登山ポスト。低山だとない場合も多い

市販の地図でさらに安心

簡単なコースならガイドブックなどに記載されている地図でも十分だが、正式な地図も欲しい。山登りでは国土地理院発行の25,000分の1前後の地形図がよく用いられる。

02. ウェアや荷物の準備 雨具は必需品

必要な荷物は左記のチェックリストを参照して。たとえ天気がよくても雨具は必需品。標高が100m変われば気温も0.6℃変わると言われるので、山によっては夏場でも防寒具が必要。グッズなどは専門店で購入を。

出発の前から山登りは始まる

準備編

⬅雨具や防寒具をはじめ山登り用の道具など、専門店のものは機能性に優れたものが多いのでおすすめ

⬅初心者は専門店のスタッフに相談して必要なウェアやグッズをそろえよう

03. お弁当や山ごはんを用意すれば 山登りがさらに楽しくなる

景色のよい山頂や広場で食べるお弁当も山登りの楽しみの一つ。クッカーがあれば、現地でお味噌汁やコーヒーなどの温かいものが作れるのでおすすめ。ただし、国立公園など山によっては火気厳禁の場所もあるので事前に確認を。

⬆山で食べるごはんはこの上ないごちそう。ただし消化の悪いものや、生ものなど傷みやすい食材は控えて

⬅現地でクッカーを使って調理すると、アウトドア気分が盛り上がる

地図の使い方

check it

Ⓐ 等高線　山を見ずして山の形がわかる

等高線とは同じ高さの場所を結んだ線。国土地理院発行の25,000分の1地形図の場合10m（主曲線）ごとに線が引かれ、線と線の間隔が狭ければ傾斜が急で、逆に広い場合は緩やかな傾斜となる。また山頂から見て等高線が凹形にくぼんでいればそこは谷で、逆に凸形に広がっていれば尾根となる。

Ⓑ 方位マーク　方位マークとコンパスで位置がわかる

地図に記されている方向マークで、Nの方角が北。コンパスで北側に見える目標物を地図上で探し、もう一つ東西どちらかの目標物さえ地図と目で確認できれば、地図上でその線の交差する場所が現在位置。

Ⓒ 縮尺　目的地までの距離がわかる

地図の端などに書かれている縮尺率。25,000分の1の地図で1cmは実際には250m。目的地までのだいたいの距離がわかる。

登山用語

アプローチ	自宅から登山口までの行程。アクセスとも言う
浮き石	乗ると動いたりする不安定な石
エスケープルート	悪天候など非常時に遭難したり、難路を回避する道
尾根	稜線、山稜とも言われる、山の一番高い部分のつらなり
けもの道	野生動物が動き回ることで自然にできた踏み跡
合目	登山口から山頂までを10分割したもの。登山口が一合目で山頂が十合目。おもに信仰の山で用いられる
沢	山や尾根の間の、深くくぼんだ水が流れる場所。谷、渓谷とも
縦走	山頂から山頂へ山の尾根伝いに歩くこと
三角点	地図製作の際の三角測量の基準となる地点。山の頂上にあることが多い。設置間隔などにより一等から五等まである
ピーク	山のてっぺんのこと。とがっている部分
水場	飲み水が得られる場所のこと

当日のチェックリスト

□ **帽子**
日よけになるつば付きのもの。冬は耳までおおうものを

□ **お弁当**
夏場などは傷みやすいものはNG

□ **地図**
25,000分の1程度の正式なものを

□ **着替え**
アンダーウェアなど。温泉に立ち寄る場合はその分も

□ **エネルギー補給食**
サプリメント系のほか、アメやチョコレートでも可

□ **コンパス**
携帯電話に内蔵されているものとは別に

□ **トレッキングシューズ**
靴底が厚めで溝が深いもの。新品を当日いきなり履かない

□ **ウォーターボトル・飲料**
水分は必需品。500mlのペットボトルでも可

□ **懐中電灯**
両手が自由に使えるヘッドランプ式のものが理想

□ **レインウェア**
ジャケットとパンツに分かれたものが理想

□ **ティッシュ・ウェットティッシュ**
ティッシュペーパーは水に流せるものを

□ **健康保険証**
急病＆ケガをした時に必要。コピーでも可

□ **タオル**
吸水性のいいものを。複数枚用意しよう

□ **救急用品**
絆創膏や包帯など。常備薬もあれば安心

□ **ビニール袋**
ゴミなどを持ち帰るほか、簡易の雨具などにもなる

□ **バックパック**
両手が自由に使えるザックは20〜25L程度のものを

□ **日焼け止め**
山頂は陽射しが強いので。虫よけも

□ **カメラ**
山登りの記念撮影用に。コンパクトなものがおすすめ

クッキング用

□ **クッカー**
山頂での調理に応じたものを

□ **皿・箸・スプーンなど**
エコの観点から、使い捨てでないものを

□ **カップ**
丈夫な金属製のものを

□ **キッチンペーパー**
調理の際になにかと便利

□ **ナイフ**
料理の内容によっては必要

□ **火**
オイルライターや防水マッチなど

01. トイレの場所は事前にチェック！ お手洗いは出発前に済ませよう

ルート上にトイレがあるかどうかは事前にチェックを。また登山口などにあるトイレには、ペーパーがない場合も多いので要注意だ。基本的に山の中にはトイレがないので、スタート前に必ず最寄り駅で済ませておこう。

◀最寄り駅のトイレで、出発前にお手洗いを利用しておく。山の中のトイレには清掃協力金などが必要な場所もある

02. 登りはゆっくり小刻みに 自分のペースで歩こう

登りはゆっくり小刻みに歩くのが基本。普段の街歩きの半分ほどの歩幅でリズムよく歩こう。また、出発前にウォーミングアップも忘れずに。特に膝や太もも、足首などの下半身を重点的にストレッチしよう。

↑石ころや木の根など障害物が多いので、いつもより膝を上げて歩くこと。砂場や枯葉の上は滑るので特に注意

03. 山登りは「登り優先」がルール ゴミは必ず持ち帰ろう

登山道で人とすれ違う時は「登り優先」が基本ルール。道を譲る時は足場の安定した山側に寄って避けよう。「こんにちは」などのあいさつも忘れずに。これには安全確認などの意味もある。また自分のゴミは必ず自分で持ち帰って。

◀登山道でのあいさつは自分の存在を他者に印象付け、万が一の際の情報にもなる。あいさつすることで元気にもなる

04. こまめに地図を確認 標識なども忘れずチェック！

山登りでケガや事故と同じぐらいに怖いのが迷子（遭難）。こまめに地図を見てルートや自分の今の位置を把握しておこう。分岐などの標識は要チェック。特に初めてのコースは分岐ごとに確認しよう。

↑メジャーなコースには休憩所などに、ハイキングコースの案内板もあったりする。休息がてらチェックしてみて

05. こまめな水分補給が大切 50分歩いて10分休憩を

一般的に山登りでは、50分歩いて10分休憩を取るのが体に負担がかからないペースと言われる。ただし、しんどい時は無理せず、早めの休憩。こまめな水分補給も大事。水分は一度に大量に取らずに、喉を潤す程度に。

06. 山登りは下りの方が危険 ゆっくりと足元に気を付けて

実は山登りのケガや事故の大半が下りで起きる。下りは登り以上に足への負担が大きく、また登りでの疲労が蓄積されているので注意。かかとからではなく足裏全体でしっかり地面を踏むように、ゆっくりと慎重に歩こう。

緊急時の Q&A

Q. もし道に迷ったら？ 仲間とはぐれたら？

ヘタに動かず、来たルートを戻るのが基本。

来たルートがわからない場合はじっとしてほかのハイカーが来るのを待つ。またグループでは常に行動を共にし、仲間と絶対にはぐれないように。万が一仲間とはぐれた場合はむやみに捜さないこと。あらかじめ落ち合う場所などを決めておこう。

Q. イノシシやクマなど 野生動物に遭遇したら？

基本的に野生動物は人を嫌う。

鈴などを身に着けて、人間の接近を知らせるとほとんどが逃げて行く。しかし、鉢合わせした場合は大声を上げたり、急な動きをして相手を驚かせないこと。走らずにゆっくりと慌てずにその場から離れよう。間違っても死んだふりはしないこと。

Q. 途中で体調が悪くなったら？

最短ルートで下山しよう。

仲間がバテた場合も同じで、無理をさせずに引き返すことが大切。何度も言うようだが、無理をしないのが山登りの基本。また自力で下山できないほどの場合は、ほかのハイカーたちに助けを求めよう。場合によっては救助要請することも考えて。

Q. 途中でケガをしたら？

最低限の救急用品を携帯する。

軽い捻挫程度はテーピングなどの応急処置をしてすぐに下山を。動けないほどの重症の場合は助けを求めよう。ただし山での救助は費用がかかることが多いので安易に救助要請はしないこと。とは言っても大切なのは命。最初は判断のできる上級者と一緒に登ろう。

Q. 途中で急に天気が 悪くなったら？

天気予報を事前にチェックするのは 基本中の基本。

たとえ晴れの予報でも雨具は必ず用意を。急に天気が悪化した場合は、当然雨具を着用。黒い雲が出てきたら、前もって着用することがおすすめ。雨の状況などによっては引き返すことも大事。また雨具はすぐに取り出せる場所に収納しておこう。

Q. 山にはハチが多いって 本当？

夏から秋の山登りで気を付けたいのが スズメバチ。

黒いもの（服装）や香水などはハチを刺激するので注意。またオオスズメバチなどは木の根元や土の中に巣を作るので、ルートを外れた場所を歩くと巣に近付いてしまう可能性があるので危険。スズメバチといえども、基本的にはなにもしなければ襲ってこない。

STAFF

装丁・本文デザイン	興津絵里子（はなうたデザイン）
DTP	猪川雅仁（TAKI design）
撮影	竹村麻紀子
取材・文	日高ケータ、鳴川和代
スタイリスト	林 絵理子（brick）
ヘアメイク	高見佳妃、北脇茉梨子（共にhairmake blossom）
フードスタイリスト・レシピ作成	丹羽彰子
モデル	岩﨑裕美
MAP	荒木久美子
校閲	草樹社
営業	近部公子
制作進行	中里卓司
編集	山田孝一

※P16〜113の記事については、関西ウォーカー編集部が取材したものを再編集しています

関西 山あるき＆ハイキング 日帰りBESTコース

2024年3月27日　初版発行

編集・制作／WEBコンテンツ第2編集部
発行者／山下直久
発行／株式会社KADOKAWA
　　　〒102-8177
　　　東京都千代田区富士見2-13-3
　　　電話0570-002-301（ナビダイヤル）
印刷・製本／株式会社リーブルテック

お問い合わせ
https://www.kadokawa.co.jp/
（「お問い合わせ」へお進みください）
※内容によっては、お答えできない場合があります。
※サポートは日本国内のみとさせていただきます。
※Japanese text only

定価はカバーに表示してあります。